SECOND EDITION

ADESSO!

WORKBOOK/LAB MANUAL

AN INTRODUCTION TO ITALIAN

MICHAEL LETTIERI
University of Toronto

RAFFAELLA MAIGUASHCA
York University

in cooperation with

GABRIELLA COLUSSI ARTHUR
York University

Heinle & Heinle Publishers • Boston, MA 02116 U.S.A.

A division of International Thomson Publishing, Inc. The ITP logo is a trademark under license.

Albany • Bonn • Cincinnati • Detroit • Madrid • Melbourne • Mexico City • New York • Paris

I(T)P®

10 9 8 7 6 5 4 3 2

ISBN: 0-8384-6099-2

TABLE OF CONTENTS

ACKNOWLEDGMENTS

For the privilege of writing the workbook to accompany his text *Adesso! 2/e*, we would like to thank Marcel Danesi. In addition, for their encouragement, professional guidance and expertise, we are indebted to the following people: Wendy Nelson, Gabrielle McDonald, Beth Kramer, Kris Swanson, Deborah Bruce, Amanda Balsamo, Susan Lake, and Ann Goodsell.

We would also like to express our thanks to the following for permission to use their materials:

Bank Americard; *Corriere Canadese*; *Corriere della Sera*; *Corriere dello Sport*; *Epoca*; *Gazetta del Sud*; *Gente*; Grand Hotel; *Il libro dei perché* (Firenze: Guiti Marzocco, 1988; *L'Espresso*; *Messaggero dei ragazzi*; *Oggi*; *Onda Tivù*; *Panorama*; *Starbene*; Topolino (The Walt Disney Company Italia S.P.A.); ULISSE 2000; Miss Maria G. Filice

CAPITOLO
1 UN CAFFÈ, PER FAVORE!

AL LAVORO!

Tema 1

A. Al bar. Draw arrows to match each expression in the left-hand column with the appropriate one in the right-hand column, as in the example.

1. Un caffè,   a. bene!
2. Prego, signorina.   b. per favore.
3. Va   c. niente.
4. No, per me   d. un cappuccino.
5. Per me   e. Desidera?

B. Desidera? Complete the following dialogue with appropriate words.

BARISTA: Prego, signore. Desidera?

GIANNI: Sì, una _____, per favore.

BARISTA: E Lei, signorina?

ANNA: Per me, un'_____.

BARISTA: Va bene.

MARCO: Io, invece, un _____. E tu, Maria?

MARIA: Per me uno _____.

C. Un caffè, per favore! Choose the six beverages you like best and mention them in complete sentences.

BAR ROSSINI

Caffè	L.	900
Caffè macchiato	L.	900
Caffellatte	L.	1500
Cappuccino	L.	1500
Tè	L.	1000
Coca-Cola	L.	1200
Aranciata	L.	1200
Limonata	L.	1200
Bitter	L.	1500
Succo di frutta	L.	1000
Acqua minerale	L.	800

1. _____

2. _____

3. _____

4. _____

5. _____

6. _____

D. Una Coca-Cola, per piacere! Order the illustrated items, adding **per piacere** or **per cortesia**.

1. _Una Coca-Cola, per piacere._   2. _____

3. _____   4. _____

5. _____   6. _____

E. Sì o no? Answer the following questions, either accepting or refusing.

1. Una Coca-Cola?

Sì, una Coca-Cola.

2. Un'aranciata?

No, grazie! Per me niente!

3. Un espresso?

_____

4. Un bitter?

_____

5. Un succo di frutta?

_____

6. Una limonata?

_____

F. Paolo prende un bitter? Give negative responses to the following questions; then write what the person actually wants.

1. Paolo prende un bitter?

No, Paolo non prende un bitter. Prende un caffè.

2. Maria prende un succo di frutta?

_____

3. Gianni prende un caffellatte?

_____

4. Anna prende un'aranciata?

_____

5. Marco prende un caffè corretto?

_____

6. Barbara prende un tè?

_____

G. Andiamo al bar! Write a short dialogue in which two friends order something to drink in an Italian espresso bar.

_____

_____

_____

_____

_____

_____

_____

_____

_____

_____

H. Il verbo _bere_. Fill in the blanks with the correct form of **bere**.

1. Lisa, che cosa _____?

2. Che cosa _____ Carlo?

3. La signorina _____ una Coca-Cola.

4. Io e Linda non _____ niente.

5. Prima di pranzo io _____ sempre un bitter.

6. Ragazzi, che cosa _____?

7. Loro _____ una bibita. E tu?

8. Voi _____ solo acqua minerale?

Tema 2

A. Botta e risposta. Match each bubble on the left to the appropriate bubble on the right; then write the two sentences, as in the example.

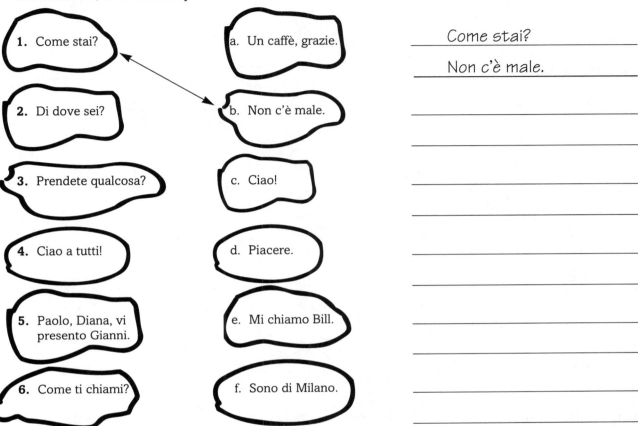

1. Come stai?

a. Un caffè, grazie.

2. Di dove sei?

b. Non c'è male.

3. Prendete qualcosa?

c. Ciao!

4. Ciao a tutti!

d. Piacere.

5. Paolo, Diana, vi presento Gianni.

e. Mi chiamo Bill.

6. Come ti chiami?

f. Sono di Milano.

_____Come stai?_____

_____Non c'è male._____

_____

_____

_____

_____

_____

_____

_____

_____

_____

B. Tra amici. Unscramble and write out the following dialogues in a logical manner.

1. GIANNI: Carlo, ti presento Maria.

CARLO: Anch'io sono di Roma.

CARLO: Piacere.

MARIA: Sono di Roma.

CARLO: Di dove sei?

MARIA: Piacere.

_____Carlo, ti presento Maria._____

_____Piacere._____

_____

_____

_____

_____

2.

DEBBIE: Così così. E tu?

_____

JOHN: Ciao, Debbie. Ciao, Roberto. Come state?

_____

_____

ROBERTO: Per me, una Coca-Cola.

_____

DEBBIE: Un'aranciata, grazie.

_____

JOHN: Abbastanza bene. Prendete qualcosa?

_____

_____

3.

MARCO E
GIANNI: Ciao, Maurizio.

_____

MAURIZIO: Ciao, ragazzi, come state?

_____

GIANNI: Bene. E tu?

_____

MAURIZIO: Non c'è male.

_____

MARCO: Maurizio, prendi qualcosa? Un caffè? Un'acqua minerale?

_____

_____

MAURIZIO: Un caffè, grazie!

_____

C. Qual è la domanda? Write an appropriate question for each of the following answers.

1. _Di dove sei? / Di dov'è Lei?_

Sono di Roma.

2. _____

Non c'è male.

3. _____

Un caffè, grazie!

4. _____

No, non ci sono.

5. _____

Stiamo bene.

6. _____

Siamo di New York!

7. _____

No, non c'è!

8. _____

È di Firenze.

9. _____

Stanno bene.

10. _____

Sta bene.

D. Qual è la domanda?   Write an appropriate question for each of the following answers, using the polite form.

1. _____

Sono di Milano.

2. _____

Sto bene, grazie.

3. _____

Stiamo bene.

4. _____

Un cappuccino, per favore.

5. _____

Mi chiamo John.

E. Vero o falso?   On the basis of what you read in the preceding exercise, indicate whether the following statements are **vero** *(true)* or **falso** *(false)*.

	VERO	FALSO
1. Miss Neri orders a Coke.	_____	✓
2. Mrs. Smith orders a coffee.	_____	_____
3. Mr. Smith orders a cappuccino.	_____	_____
4. Mr. and Mrs. Smith are from New York.	_____	_____
5. The bartender and Miss Neri are friends.	_____	_____

F. I numeri (1–10).   Write out in words the answers to the following problems.

1. $1 + 1 =$ _____

2. $2 + 1 + 5 =$ _____

3. $8 - 7 =$ _____

4. $6 + 6 - 9 =$ _____

5. $3 \times 3 =$ _____

6. $10 - 6 =$ _____

7. $5 \times 2 - 5 =$ _____

8. $2 + 2 + 2 =$ _____

9. $10 - 2 - 1 =$ _____

10. $10 - 1 + 1 =$ _____

Ricapitoliamo!

A. Le parole nascoste. Find the six words hidden in the puzzle. Then create an appropriate context for each (in one or two sentences, as in the example), showing their usage in conversation.

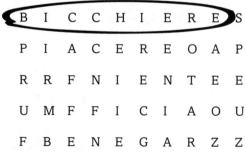

```
B  I  C  C  H  I  E  R  E  S
   P  I  A  C  E  R  E  O  A  P
   R  R  F  N  I  E  N  T  E  E
   U  M  F  F  I  C  I  A  O  U
   F  B  E  N  E  G  A  R  Z  Z
```

1. _____Desidera?_____
   _____Un bicchiere di acqua minerale, per favore._____

2. _____
   _____

3. _____
   _____

4. _____
   _____

5. _____
   _____

6. _____
   _____

B. La parola fuori posto. Cross out the word or expression that does not belong in each category.

1. corretto / ristretto / secco / lungo / macchiato

2. bianco / corretto / rosso / dolce / secco

3. un bitter / un bar / una limonata / un tè

4. prego / così così / male / bene

5. Ciao! / Buongiorno! / Arrivederci! / Grazie!

C. Qual è la tua bevanda preferita? A survey conducted recently in Italy showed the following to be some of the beverages preferred by Italians.

acqua minerale	Coca-Cola
acqua	succo di frutta *(fruit juice)*
vino *(wine)*	latte *(milk)*
caffè	aranciata
spremuta *(freshly squeezed fruit)*	acqua tonica *(tonic water)*

Write down in Italian, in order of preference, the beverages (from the list above or others) that you think most Americans prefer.

1. _____
2. _____
3. _____
4. _____
5. _____
6. _____
7. _____
8. _____
9. _____
10. _____

D. Giochiamo con la pubblicità. Read the ad on page 10, trying to guess the meaning of unfamiliar words. Then, on a separate sheet of paper, prepare a similar ad, advertising coffee or any other beverage.

E. Come si dice... ? In the space provided, list all the additional words and expressions dealing with activities featured in this chapter (ordering beverages at cafés, meeting, greeting, introducing friends) that you would like to know. With the help of a dictionary and your instructor, find the Italian equivalents.

_____

_____

_____

_____

_____

_____

_____

_____

CAPITOLO

1 UN CAFFÈ, PER FAVORE!

IN LABORATORIO!

Pronuncia: Le vocali 1

A. In Italian each of the vowels **a, e, i, o, u** stands, in general, for a single sound. The **e** and **o** may be pronounced as open or closed sounds. This feature varies in Italy according to region.

Letter	Phonetic Symbol	Pronunciation	Example
a	/a/	«ah» as in *father*	aranciata
e	/e/	«eh» as in *pen*	bene
i	/i/	«eeh» as in *week*	sì
o	/o/	«oh» as in *boss*	no
u	/u/	«ooh» as in *boot*	tu

B. Repeat each word after the speaker.

1. / a /:   acqua   bar   aranciata   grazie
2. / e /:   bene   niente   corretto   prezzo
3. / i /:   bitter   signorina   bottiglia   via
4. / o /:   dolce   doppio   dove   molto
5. / u /:   succo   frutta   zucchero   lungo

C. Repeat each of the following words, expressions, and sentences, imitating the speaker.

1. grazie
2. acqua minerale
3. un caffè macchiato
4. aranciata
5. ristretto
6. Desiderate un caffè?
7. Sì, volentieri!
8. Lui e lei non sono di Firenze.
9. Un cappuccino, per piacere!
10. Come ti chiami?

D. Dettato. You will hear five sentences. Each will be read three times. During the first reading, listen to the sentence. During the second reading, write what you hear. Then, during the third reading, check your work.

1. _____

2. _____

3. _____

4. _____

5. _____

E. La foto giusta. You will hear two brief conversations. Each will be read twice. Write the number of the conversation beside the picture to which it best corresponds.

_____

_____

Ascolto

F. Un caffè, per favore! Imagine that you are a waiter in a café in Italy. You are going to hear different people ordering a variety of beverages. Check each item on the list below as you hear it ordered.

_____	un cappuccino	_____	uno zabaione
_____	un bitter	_____	una Coca-Cola
_____	un succo di frutta	_____	una limonata
_____	un tè	_____	un'acqua minerale
_____	un caffellatte	_____	un'aranciata
_____	un caffè		

G. Desidera? You are seated in a café in Florence. When the waiter asks **Desidera?**, order something to drink according to the drawing. Then listen for the correct answer.

> **Esempio:** *You hear:* Desidera?
> *You say:* Un succo di frutta, per favore.

1.

2.

3.

4.

5.

H. Rispondi! You will hear three questions, each read twice. Answer in complete sentences.

(Items 1–3)

I. Fa' la domanda! Give an appropriate question for each answer you hear, using the polite form **Lei.** Each answer will be read twice. Then listen for the appropriate question.

(Items 1–3)

J. Ciao, Debbie! You have just met Debbie at the espresso bar. Perform the following courtesies in Italian, as directed on the tape. Then listen for the correct phrases.

> **Esempio:** *You hear:* Say hello to Debbie.
> *You say:* Ciao, Debbie.

(Items 1–3)

CAPITOLO

2 BUONGIORNO!

AL LAVORO!

Tema 1

A. Buongiorno...   How you address someone depends upon your respective ages and the relationship you have with that person. For the two drawings below, write a brief dialogue based on the relationship of the persons involved. Have the people greet each other; then have them make introductions, using the names accompanying the drawings when appropriate.

Professoressa Rossi

Professor Tozzi

Signorina Neri

1. _____

_____

_____

_____

Carlo

Manuela

Marianna

2. _____

_____

_____

_____

B. *Tu o Lei*? Circle the appropriate level of formality in each scene; then complete the dialogues based on the level of formality required by each situation.

1.

Signor Rossi   Signorina Smith

tu   **Lei**

SIGNOR ROSSI: Buongiorno. Come _____, signorina?

SIGNORINA SMITH: Bene, grazie. E _____?

SIGNOR ROSSI: Non c'è _____. Grazie.

2.

Pierino   Signora Gieri

Pierino alla Signora Gieri: **tu**   **Lei**

Signora Gieri a Pierino: **tu**   **Lei**

PIERINO: _____, signora Gieri!

SIGNORA GIERI: _____, Pierino. Come _____?

PIERINO: Bene, grazie. E _____?

SIGNORA GIERI: _____ io sto bene!

3.

Maria   Paolo

tu   Lei

PAOLO: _____, Maria! Come _____?

MARIA: Così_____, grazie. E _____?

PAOLO: _____ bene.

C. Buongiorno, professore! Fill in the blanks with the appropriate ending when necessary.

1. Buongiorno, professor_____!

2. Come sta il professor_____ Antonelli?

3. Buongiorno, signor_____ Valenti.

4. Buonasera, dottor_____ Neri.

5. Buongiorno, dottor_____. Come sta?

6. Mario è ingegner_____.

7. Di dov'è la signor_____ Smith?

8. Avvocato, Le presento l'ingegner_____ Martini.

9. Giannini è avvocat_____.

10. Di dov'è Lei, signorin_____ Binni?

D. Attenzione ai titoli! Say that you know each of the following people, using the corresponding title, as in the example.

1. Alberto Dini / ingegnere

   Io conosco l'ingegner Dini. _____

2. Franco Verdi / medico

_____

3. Gina Agnelli / medico

_____

4. Marco Marini / professore

_____

5. Giovanni Baresi / avvocato

_____

6. Mara Leoni / professoressa

_____

7. Gianni Mori / ingegnere

_____

E. Occhio alla preposizione! Complete each sentence using **di, per, al,** or **a**.

1. Un cappuccino, _____ piacere.

2. Un succo _____ frutta, _____ favore.

3. Desidera un panino _____ prosciutto?

4. _____ me, niente. Grazie!

5. Ciao _____ tutti!

6. —_____ dove sei?

—Sono _____ Milano.

F. Le professioni. Indicate the occupation of each person in the drawings, as in the example.

Gianni    Armando    Maria

Paolo

Gino

Valeria

Roberto

1. Gianni *è un avvocato.* _____

2. Armando _____

3. Maria _____

4. Paolo _____

5. Valeria _____

6. Gino _____

7. Roberto _____

G. Occhio al pronome! Fill in the blanks with the correct pronoun.

Al bar

BARISTA: E _____ , signorina, desidera qualcosa?

SIGNORINA NERI: Un caffè, grazie.

BARISTA: *(turning to Mr. and Mrs. Smith)* E _____ desiderano?

SIGNORA SMITH: Per me niente, grazie.

SIGNOR SMITH: Per me un cappuccino.

BARISTA: Va bene... Signore, _____ di dov'è?

SIGNOR SMITH: _____ siamo di New York. Siamo americani.

E _____ è italiano?

BARISTA: Sì, _____ sono italiano.

Tema 2

A. In uno snack bar. Put each of the following words in the appropriate column, as in the example.

| ✓aranciata | ✓cornetto | pizzetta | brioche | caffè |
| Coca-Cola | bitter | pasta | spumone | limonata |

DA BERE

1. __un'aranciata__

2. _____

3. _____

4. _____

5. _____

DA MANGIARE

6. __un cornetto__

7. _____

8. _____

9. _____

10. _____

B. Un'altra aranciata. Now use each word with **un altro / un'altra,** as in the example.

1. __Un'altra aranciata, per favore.__

2. _____

3. _____

4. _____

5. _____

6. _____

7. _____

8. _____

9. _____

10. _____

C. Cos'è? The following pictures illustrate four different eating places. Identify each one, as in the example.

1. _____ È un ristorante. _____   2. _____

3. _____   4. _____

D. Al bar Dante. Study the picture below. Then circle the correct answer to each question.

1. Dove sono Carla e Gianni?

   a. in un ristorante   b. al bar   c. alla mensa

2. Dov'è il bar?

   a. in via Mazzini   b. in piazza Kennedy   c. in via Nazionale

3. Cosa prende Carla?

   a. una pizzetta   b. una brioche e un cappuccino   c. un caffè e una pasta

4. Cosa prende Gianni?

   a. un gelato   b. un cappuccino   c. un'aranciata

5. Che situazione è?

   a. cena   b. pranzo   c. colazione

E. Il verbo _avere._ Complete each sentence with the correct form of **avere**.

1. —Desidera, signorina?
   —Un'altra pizzetta, per piacere. _____ fame.

2. —Signori, desiderano?
   —Sì, una Coca-Cola per me e un'aranciata per la signorina. _____ sete.

3. Ragazzi, _____ la macchina?

4. Scusi, professore, _____ un momento?

5. Pierino, non _____ fame?

6. Io e Lucia _____ un appuntamento al bar con Luigi.

F. Insiemi di parole. Put each of the following words in the category to which it pertains.

pranzo	una tavola calda	Quando?	una pizza
cena	un'acqua minerale	lui ha	tu hai
un cornetto	una Coca-Cola	un fast food	Perché?

1. _una mensa_ _____

   _____

   _____

2. _una brioche_ _____

   _____

   _____

3. _un caffè_ _____

   _____

   _____

4. _colazione_ _____

   _____

   _____

5. _io ho_ _____

   _____

6. _Quale?_ _____

   _____

G. In una trattoria. The following dialogue between Paolo, Sandra, and the waiter is out of sequence. Read it and then put it in a logical order.

CAMERIERE: Va bene!
PAOLO: Sì, cos'altro prendiamo? Un altro panino?
SANDRA: Hai ancora fame, non è vero?
PAOLO: Un altro panino e un'altra Coca-Cola per la signorina. Per me solo una pizzetta.
SANDRA: Sì, un altro panino e un'altra Coca-Cola.
PAOLO: Cameriere!
CAMERIERE: Sì, desiderano?

Sandra: Hai ancora fame, non è vero? _____

_____

_____

_____

_____

_____

_____

_____

Ricapitoliamo!

A. Vengo anch'io! Answer each question affirmatively, using the appropriate personal pronoun.

1. Viene anche Dino?

   Sì, viene anche lui. _____

2. Vieni anche tu, Pina?

_____

3. Venite anche voi?

_____

4. Vengono anche Maria e Dino?

_____

5. Viene anche il signor Fellini?

_____

6. Vieni anche tu, Marco?

_____

7. Viene anche Paola?

_____

B. Che cos'è? Unscramble each group of letters and write the answer with **È una...**, as in the example.

1. ochebri   _____ È una brioche. _____

2. nsame   _____

3. stapa   _____

4. broli   _____

5. tarpo   _____

6. vagnala   _____

7. stranefi   _____

8. volota   _____

C. Cruciverba. Write the missing words in the crossword puzzle.

ORIZZONTALI:

1. Ti piacciono le _____?

2. Ti _____ Marcello Mastroianni?

4. Questa pizzetta è _____.

6. Ti piace stare _____ me?

8. —Buon _____.

    —Grazie altrettanto.

VERTICALI:

1. Ho una fame da _____.

3. Che _____ è?

5. *Thank goodness!* = Meno _____!

6. —Di _____ è?

    —È il libro di Giorgio.

7. *To your health!, Drink up!* = _____.

D. Come si dice... ? In the space provided, list all the additional words and expressions dealing with activities featured in this chapter (greeting and introducing people formally, ordering food at eating places) that you would like to know. With the help of a dictionary and your instructor, find the Italian equivalents.

_____

_____

_____

_____

_____

_____

_____

CAPITOLO 2

BUONGIORNO!

IN LABORATORIO!

Pronuncia: Le vocali 2

A. Words ending with an accented final vowel are stressed on that vowel: **caffè, così, papà, università, tè**. The accent mark is usually grave (`). But in some words, especially those ending in -**ché (perché)**, the acute accent mark (´) may be used.

The accent mark is used in some one-syllable words to avoid confusion: **e** *(and)* vs. **è** *(he/she/it is)*.

When **a** and **e** come before a word beginning with a vowel, they may be written and pronounced as **ad** and **ed** to "smooth out" the pronunciation between syllables:

Ti presento ad Armando.	*Let me introduce you to Armando.*
Lei ed io abbiamo fame.	*She and I are hungry.*

B. Repeat each of the following words, expressions, and sentences, imitating the speaker.

1. perché
2. così così
3. chissà
4. A più tardi!
5. Lui è in ritardo.
6. Lui e lei sono sempre in ritardo.
7. Di dov'è, Lei?
8. Permesso, c'è l'ingegner Rossi?
9. Lui ed io abbiamo sete.
10. Loro vanno ad una pizzeria.

C. The accents are missing from certain words. Do you know where to put them?

1. Ecco un caffè per Lei, signorina.
2. Cameriere, dov'è il menu?
3. Chissà dove sono la dottoressa Marchi e l'ingegner Valenti?
4. Perché aspetti il professore?
5. Anche lui viene al bar perché vuole conoscere Debbie.
6. Come sta, dottoressa Marchi? Non c'è male, grazie.

Ascolto

D. Dettato. You will hear six sentences. Each will be read three times. During the first reading, listen to the sentence. During the second reading, write what you hear. Then, during the third reading, check your work.

1. _____

2. _____

3. _____

4. _____

5. _____

6. _____

E. Si accomodi, signorina! You have just met Miss Giannini. Perform the following courtesies in Italian, as directed on the tape. Then listen for the correct phrases.

      Esempio: *You hear:* Say hello to Miss Giannini.
                 You say: Buongiorno, signorina Giannini.

(Items 1–3)

F. Cosa prendi? You will hear a short conversation read twice. Answer the questions asked about the conversation. Then listen for the correct answer.

1. Dove sono Franco e Linda?

_____

2. Cosa prende Franco?

_____

3. Cosa prende Linda?

_____

4. Perché Franco non ordina una pizza?

_____

G. Giochiamo con le parole. Form a complete sentence out of each group of words below, paying careful attention to number and gender agreement as well as punctuation. Then repeat the response after the speaker.

>   **Esempio:** *You see:* cappuccino / per / favore
>   *You say:* Un cappuccino, per favore.

1. Loro / cosa / prendere?
2. Buongiorno / Signora Gieri / come / stare?
3. di / dove / essere / Lei / professor Smith?
4. voi / conoscere / ingegner Dini?
5. Tu / avere / fretta?

H. Le coppie. You will hear the speaker say a pronoun. Match it with the appropriate verb form listed below. Then repeat the correct answer after the speaker.

>   **Esempio:** *You hear:* io
>   *You say:* conosco

chiacchieri	venite	mangia
abbiamo	arrivano	conosco

I. Rispondi di sì! You will hear five questions, each read twice. Answer each one affirmatively with a complete sentence. Then repeat the correct answer after the speaker.

>   **Esempio:** *You hear:* Entrano anche Teresa e Franco?
>   *You say:* Sì, entrano anche Teresa e Franco.

(Items 1–5)

J. Rispondi di no! You will hear five questions, each read twice. Answer each one negatively with a complete sentence, offering the specified alternative. Then repeat the correct answer after the speaker.

>   **Esempio:** *You hear:* Prendete una pizza? (panino)
>   *You say:* No, non prendiamo una pizza, prendiamo un panino.

(Items 1–5)

CAPITOLO

3 SÌ, MI PIACE MOLTO!

AL LAVORO!

Tema 1

A. Ti piace... ? Using complete sentences, write your preference for each of the items illustrated below.

1. _Sì, il caffè mi piace._____

   _No, il caffè non mi piace._____

2. _____

3. _____

4. _____

5. _____

6. _____

B. Ti piace... ? Write an appropriate question for each of the following answers.

1. <u>—Ti piacciono le lasagne?</u>
   —Sì, mi piacciono.

2. <u>—</u>
   —No, non mi piace.

3. <u>—</u>
   —No, non mi piacciono.

4. <u>—</u>
   —Sì, mi piace.

5. <u>—</u>
   —Sì, mi piacciono.

C. Mi piacciono i biscotti! Accept what is offered to you, saying that you like the food item very much.

1. Vuoi un biscotto? <u>Sì, grazie. Mi piacciono i biscotti!</u>

2. Vuoi una pizzetta? <u> </u>

3. Vuoi una pasta? <u> </u>

4. Vuoi un dolce? <u> </u>

5. Vuoi un cornetto? <u> </u>

6. Vuoi una brioche? <u> </u>

D. Rispondi alla domanda! Answer each question with a complete sentence.

1. Quale pasta ti piace di più? (i tortellini, le fettuccine... ?)

2. Quale bevanda *(beverage)* ti piace di più? (la Coca-Cola, l'aranciata, il caffè... ?)

3. Dove ti piace mangiare? (al ristorante, in trattoria... ?)

4. Come ti piace il caffè? (corretto, macchiato... ?)

E. Tu hai il computer? List six items you have or would like to have at home. *Use the list for help!*

e.g. 1. *Io ho un computer.*

2. _____

3. _____

4. _____

5. _____

6. _____

F. Scriviamo una domanda! Write a question using each of the following interrogatives.

1. Come ____ *sta Teresa?* _____

2. Che cosa _____

3. Chi _____

4. Quanto _____

5. Perché _____

6. Quando _____

7. Dove _____

8. Quale _____

G. Gli interrogativi. Fill in the blanks with the appropriate interrogatives, choosing from the list below.

| Come? | Che cosa? | Quanto? | Dove? | Chi? | Perché? |

1. —_____ sono Diana e Patrizia?
   —Sono al bar con Piero.

2. —_____ stai?
   —Sto bene, grazie.

3. —_____ costa un caffè in Italia?
   —Non costa molto.

4. —_____ ha ancora fame?
   —Io!

5. —_____ desidera?
   —Un'aranciata, per favore!

6. —_____ non c'è Marta?
   —Perché non sta bene.

H. Usiamo i verbi! Choosing from the following list, fill in the blanks with the appropriate form of the verb. Some verbs are used more than once.

abitare	aspettare	essere	parlare
arrivare	avere	guardare	piacere
ascoltare	desiderare	mangiare	studiare

1. Noi _____ un disco di Madonna: mi _____ i dischi di Madonna.

2. Lei cosa _____: un'aranciata o una Coca-Cola?

3. Maria e Claudio _____ in un appartamento in città.

4. Pina e Marco _____ la televisione.

5. —Tu dove _____?

   —_____ in via Garibaldi.

6. —Dove _____ i libri?

   —I libri _____ nella mia cartella.

7. A mezzogiorno Marco _____ un panino.

8. Il martedì voi _____ lezione di francese?

9. Gianni _____ bene italiano.

10. Noi _____ biologia e storia.

11. Loro _____ l'autobus.

12. Tu a mezzogiorno cosa _____?

13. Sandra _____ sempre in ritardo a scuola.

I. Azioni di ogni giorno! Write a complete sentence using the verb provided.

1. guardare _____

2. aspettare _____

3. pensare _____

4. studiare _____

5. andare _____

J. Traduciamo! Translate the following sentences into Italian.

1. Hello, Mr. Giannini!

_____

2. Dr. Rossi, how are you?

_____

3. Doctor, where are you from?

_____

4. Miss Bertini is right.

_____

5. Here is Professor Bianchi.

_____

6. Professor, may I help you?

_____

K. Rispondi! Answer the following questions with complete sentences.

1. Dove abiti?

_____

2. Hai una macchina, una moto o una bicicletta?

_____

3. Come vai a scuola?

_____

4. Hai un computer o una macchina da scrivere?

_____

5. Hai una cartella? Cosa c'è nella tua cartella?

_____

6. Quale programma ti piace guardare alla TV?

_____

7. Quale programma ti piace ascoltare alla radio?

_____

8. Qual è il tuo disco preferito?

_____

9. Quali film ti piacciono?

_____

10. Qual è il tuo libro preferito?

_____

Tema 2

A. L'articolo determinativo. Fill in the blanks with the appropriate definite article; then write the plural form of each article and noun.

1. _la_ finestra   _le finestre_ _____

2. _____ lavagna   _____

3. _____ libro   _____

4. _____ luce   _____

5. _____ porta   _____

6. _____ aranciata   _____

7. _____ appuntamento   _____

8. _____ spumone   _____

9. _____ avvocato   _____

10. _____ zabaione   _____

B. Sì, è italiano! Answer the following questions, using the appropriate verb form and adjective to indicate nationality. Follow the example.

1. Marco è di Roma?   _Sì, è italiano._ _____

2. Teresa è di Manchester?   _____

3. Il professor Jones è di Boston?   _____

4. Wolf e Irene sono di Francoforte?   _____

5. Tu sei di Parigi?   _____

6. Voi siete di Toronto?   _____

7. Maria è di Madrid?   _____

8. La professoressa Lee è di Pechino?   _____

Ricapitoliamo!

A. Dal singolare al plurale. Add the correct singular ending for the nouns below; then write the plural form of each noun, with the definite article. Follow the exmple.

1. bicchier_e_   _i bicchieri_____

2. aranciat____   _____

3. cappuccin____   _____

4. dottor____   _____

5. panin____   _____

6. limonat____   _____

7. ingegner____   _____

8. tramezzin____   _____

9. ristorant____   _____

10. trattori____   _____

11. pizzeri____   _____

12. cornett____   _____

13. gelat____   _____

14. mens____   _____

15. camerier____   _____

B. Rimettiamo le parole in ordine. Rearrange each group of words to form a sentence.

1. fame / ho / ancora _____

2. qui / Gianni / ancora / è _____

3. Smith / la / mi / signorina / simpatica / è _____

4. risotto / piace / mi / il _____

5. il / è / libro / Marco / di _____

C. Cruciverba. Complete each clue with a verb in the present indicative. The circled letters in the puzzle will form the name of a famous Italian city.

ORIZZONTALI:

1. Noi _____ l'italiano.

3. Jane _____ bene l'inglese.

5. Pina, stasera _____ studiare con te.

VERTICALI:

2. Gianni _____ in un appartamento in via Dante.

3. Tommaso, ti _____ ascoltare la radio?

4. Ogni sera Carlo e Valeria _____ la televisione.

La città:

D. Come si dice... ? In the space provided, list all the additional words and expressions dealing with activities featured in this chapter (expressing likes and dislikes, identifying nationalities and languages) that you would like to know. With the help of the dictionary and your instructor, find the Italian equivalents.

E. La parola fuori posto. Circle the word or expression that does not belong in each group.

1.	2.	3.	4.	5.
in anticipo	panini	il banco	il	colazione
in orario	gnocchi	il vino	lo	bar
Cin cin!	gelati	il libro	la	pranzo
in ritardo	aranciate	la lavagna	gli	cena

CAPITOLO 3 · SÌ, MI PIACE MOLTO!

IN LABORATORIO!

Pronuncia: Le vocali **e, o**

A. Speakers in different parts of Italy will pronounce stressed **e** and **o** with the mouth relatively more open or closed. In many areas, however, both pronunciations are used:

vero	the **e** is a closed vowel
bene	the **e** is an open vowel

B. Repeat each of the following sentences after the speaker.

1. Hai fretta, non è vero?
2. Veramente, adesso non ho fretta.
3. Chi cerchi?
4. A chi telefoni?
5. La Grecia è molto bella.
6. Anche il Messico è bello.
7. Dov'è l'edicola?
8. Quanto è il biglietto?

Ascolto

C. Dal singolare al plurale. You will hear some noun phrases in their singular form. Repeat each phrase; then give its plural form (with **due**). Listen for the correct answer.

> **Esempio:** *You hear:* un altro panino
> *You say:* un altro panino / due altri panini

(Items 1–5)

D. Dal plurale al singolare. You will hear some noun phrases in their plural form. Repeat each phrase; then give its singular form. Listen for the correct answer.

> **Esempio:** *You hear:* due altri amici
> *You say:* due altri amici / un altro amico

(Items 1–5)

E. Occhio all'aggettivo! You will hear some sentences in the singular. Each will be read twice. Repeat each sentence; then transform it into the plural. Listen for the correct answer.

> **Esempio:** *You hear:* È un ragazzo italiano.
> *You say:* È un ragazzo italiano. / Sono ragazzi italiani.

(Items 1–5)

F. Dal femminile al maschile. You will hear five noun phrases in the feminine form. Each will be read twice. Repeat each noun phrase; then give its masculine form. Listen for the correct answer.

> **Esempio:** *You hear:* una ragazza bella
> *You say:* una ragazza bella / un ragazzo bello

(Items 1–5)

G. Anch'io... You will hear five statements. Each will be read twice. Respond by saying that you too are doing the same activity. Then repeat the correct response after the speaker.

> **Esempio:** *You hear:* Claudio studia tutto il giorno.
> *You say:* Anch'io studio tutto il giorno.

(Items 1–5)

H. Le coppie. You will hear the speaker say a pronoun. Match it with the appropriate verb form listed below. Then repeat the correct answer after the speaker.

> **Esempio:** *You hear:* io
> *You say:* io sono

sono   desiderano   viene   aspettiamo   studi   ascoltate

(Items 1–6)

CAPITOLO

4 LA LEZIONE STA PER COMINCIARE!

AL LAVORO!

Tema 1

A. Come fai per andare in centro? Fill in the blanks with the correct form of the verb **andare**.
Then, using the illustrations, complete each sentence indicating different ways in which one can go downtown.

1. Io _____vado_____ in centro _____a piedi_____

2. Tu _____ in centro _____

3. Marco _____ in centro _____

4. Noi _____ in centro _____

5. Voi _____ in centro _____

B. Dove vuoi andare? Fill in the blanks with the appropriate form of the verb **volere**.

1. Io __voglio_____ andare a scuola.

2. Pina _____ andare in centro.

3. Noi _____ andare in campagna.

4. Loro _____ andare in via Dante.

5. _____ Voi dove _____ andare?

6. Tu _____ andare a casa?

C. Cosa fa Simona? Write down what Simona is doing in each drawing.

1. ___Simona guarda la televisione.___

2. _____

3. _____

4. _____

5. _____

6. _____

D. Costruiamo le frasi! Form complete sentences using the elements provided.

1. Pina / andare / campagna / moto

_____

2. Io / mezzogiorno / mangiare / panino

_____

3. Marco / avere / lezione / filosofia / lunedì

_____

4. Noi / volere / vedere / film / Fellini

_____

5. Loro / abitare / appartamento / via Dante

_____

E. Il plurale! Change the following nouns to their plural form.

1. il disco   _i dischi_____

2. l'amico   _____

3. l'amica   _____

4. la riga   _____

5. l'edificio   _____

6. la farmacia   _____

7. l'arancia   _____

8. il caffè   _____

9. l'autobus   _____

10. l'auto   _____

11. la radio   _____

12. la penna   _____

13. la cartella   _____

14. il film   _____

Tema 2

A. A scuola! Look at Roberto's school schedule and answer the following questions with complete sentences.

	LUNEDÌ	MARTEDÌ	MERCOLEDÌ	GIOVEDÌ	VENERDÌ	SABATO
9:00		storia	Wednesday	storia		
10:00	italiano	italiano	italiano	italiano	italiano	
11:00	inglese		inglese		inglese	
12:00		biologia		matematica		
1:00		biologia		matematica		

1. Quando studia italiano Roberto?

   _____

2. Quando studia inglese Roberto?

   _____

3. Cosa studia il martedì Roberto?

   _____

4. Cosa studia il giovedì Roberto?

   _____

5. Roberto ha lezione il sabato?

   _____

B. Occhio al verbo *volere*!

I. Fill in the first blank with the appropriate form of the verb **volere** and complete each sentence appropriately.

1. Io _____ abitare _____

2. Luisa _____ ascoltare _____

3. Noi _____ studiare _____

4. Loro _____ bere _____

5. Tu _____ mangiare _____

6. Marco_____ andare _____

7. Voi _____ vedere _____

II. Write down three things you want to do and three you do *not* want to do.

1. Io voglio _____

   2. _____

   3. _____

4. Io non voglio _____

   5. _____

   6. _____

C. Occhio ai verbi! Use the following verbs to complete the sentences below.

| leggere | mettere | prendere | rispondere | scrivere | vendere |

1. Mio fratello non _____ mai al telefono: devo sempre _____ io!

2. Marco _____ l'autobus per andare a scuola.

3. Io non _____ mai lo zucchero nel caffè.

4. Gino non _____ mai ai parenti.

5. Noi _____ il giornale *(newspaper)* ogni giorno.

6. Tu quale giornale _____?

7. Roberto, il telefono squilla: perché non _____?

8. Io voglio _____ il mio stereo.

9. —Cosa _____ voi?

   —Noi _____ una pizza.

10. Giorgio e Marianna vanno al bar e _____ un caffè.

Ricapitoliamo!

A. Completiamo! Complete each sentence in three different ways.

1. Paolo aspetta
   _____
   _____
   _____

2. Io ascolto
   _____
   _____
   _____

3. Noi vogliamo andare
   _____
   _____
   _____

4. Luisa mangia
   _____
   _____
   _____

5. Io studio _____

_____

_____

6. Tu conosci _____

_____

_____

B. Le coppie! Form complete sentences by matching the words on the left with the appropriate words on the right.

1. Quando ho fame
2. Quando ho sonno
3. Quando ho sete
4. Quando ho tempo libero
5. Quando ho fretta
6. Quando sono stanco di studiare
7. Quando è mezzogiorno

a. bevo un'acqua minerale.
b. guardo la TV.
c. gioco con gli amici.
d. vado a dormire _(to sleep)_.
e. mangio un panino.
f. pranziamo.
g. chiamo _(I call)_ un tassì.

C. Cosa fa Carla? Look at each drawing and describe what Carla is doing.

1. _____

2. _____

3. _____

4. _____

5. _____   **6.** _____

D. Indoviniamo il verbo! From the context of each sentence, guess which verb is missing and write it in the blank. There may be more than one verb choice for a sentence.

1. —Venite anche voi in centro?

   —Sì, _____ anche noi!

2. Stasera io non _____ mangiare al ristorante.

3. Tu _____ Roma?

4. Voi _____ il professor Barilli?

5. Io _____ a casa tua alle tre e mezza.

6. —Ragazzi, cosa _____ prendere?

   —Noi _____ un cappuccino.

7. Io _____ il giornale ogni giorno.

8. Loro _____ vendere la bicicletta.

9. Noi _____ l'autobus per andare a scuola.

10. Perché tu non _____ mai lo zucchero nel caffè?

E. Osserva e rispondi! Study the luggage tag below and then answer the questions with complete sentences.

1. Come si chiama il passeggero *(the passenger)*?

   _____

   _____

NOME: Mario Corsi

INDIRIZZO: Via Mazzini 39

20146 Milano, Italia

NUMERO DI TELEFONO:

02-479815

2. Dove abita?

_____

3. Qual è il suo numero di telefono?

_____

4. Qual è il suo prefisso?

_____

F. Come si dice... ? In the space provided, list all the additional words and expressions dealing with activities featured in this chapter (talking about getting around, talking about school subjects and activities) that you would like to know. With the help of a dictionary and your instructor, find the Italian equivalents.

_____

_____

_____

_____

_____

_____

_____

_____

CAPITOLO

4 LA LEZIONE STA PER COMINCIARE!

IN LABORATORIO!

Pronuncia: Dittonghi e trittonghi

A. The letters **i** and **u** can stand for semiconsonant sounds as well as vowels:

- in a diphthong (a syllable with two vowels):

i	=	[y]:	**p***i***ace**	**stud***i***are**	**ital***i***ano**
u	=	[w]:	**g***u***ardare**	**q***u***anto**	**sc***u***ola**

- in a triphthong (a syllable with three vowels):

  m*iei***
  t*uoi***

But be careful! If two adjacent vowels belong to different syllables, no diphthong or triphthong is formed, and the vowels retain their normal pronunciation:

mio	=	**mi-o**
via	=	**vi-a**
biologia	=	**bi-o-lo-gi-a**

B. Repeat each of the following words, imitating the speaker. Then divide each word into syllables.

  Esempio: orologio
  o-ro-lo-gio

1. chiedere   _____

2. chiudere   _____

3. viaggiare   _____

4. fuori   _____

5. scuola   _____

6. sociologia   _____

7. quaderno   _____

8. farmacia   _____

Ascolto

C. Dettato. You will hear five sentences. Each will be read three times. During the first reading, listen to the sentence. During the second reading, write what you hear. Then, during the third reading, check your work.

1. _____

2. _____

3. _____

4. _____

5. _____

D. Dal singolare al plurale. You will hear some nouns in their singular form. Repeat each noun; then give its plural form. Listen for the correct answer.

> **Esempio:** *You hear:* la cassetta
> *You say:* la cassetta / le cassette

(Items 1–5)

E. Dal plurale al singolare. You will hear some nouns in their plural form. Repeat each noun; then give its singular form. Listen for the correct answer.

> **Esempio:** *You hear:* gli amici
> *You say:* gli amici / l'amico

(Items 1–5)

F. Rispondi! Answer each question you hear with a complete sentence.

(Items 1–5)

G. Rispondi di sì! You will hear five questions, each read twice. Answer each one affirmatively. Then repeat the correct answer after the speaker.

> **Esempio:** *You hear:* Ha lezione anche Paolo?
> *You say:* Sì, ha lezione anche Paolo.

(Items 1–5)

H. Carlo e Diana. Listen to Carlo and Diana discussing their plans for Saturday evening. Their conversation will be read twice. For each of the following questions, choose the appropriate response and read it aloud. Then repeat the correct answer after the speaker.

1. When are Carlo and Diana going out?
   a. sabato sera   b. venerdì sera   c. domenica sera

2. What movie are they going to see?
   a. *La dolce vita*   b. *Il postino*   c. *Thelma & Louise*

3. How are they going to the theater?
     a. in autobus   b. con la moto   c. in macchina

I. La settimana di Piero. Using Piero's diary as a guide, answer the questions on how he spends his week. Then repeat the correct response after the speaker.

LUNEDÌ	MARTEDÌ	MERCOLEDÌ	GIOVEDÌ	VENERDÌ	SABATO	DOMENICA
scuola	studiare tutto il giorno	scuola	scuola	scuola	andare in centro con Linda	in campagna

(Items 1–4)

J. No! You will hear four questions, each read twice. Answer in the negative. Then repeat the correct answer after the speaker.

   Esempio: *You hear:* Andate a scuola in autobus?
              You say: No, non andiamo a scuola in autobus.

(Items 1–4)

Nome: _____ Data: _____

TI PRESENTO LA MIA FAMIGLIA!

AL LAVORO!

Tema 1

A. Mettiamo al femminile! Change the following masculine nouns and adjectives into the feminine.

1. uomo intelligente _____*donna intelligente*_____

2. bambino bello _____

3. cugino povero _____

4. zio ricco _____

5. ragazzo simpatico _____

6. fratello bravo _____

7. giovane italiano _____

8. signore francese _____

B. E ora mettiamo al plurale! Now change all the items in Exercise A above into the plural.

1. ____*uomini intelligenti*_____   ____*donne intelligenti*_____

2. _____   _____

3. _____   _____

4. _____   _____

5. _____   _____

6. _____   _____

7. _____   _____

8. _____   _____

Capitolo 5   **53**

C. Dite il contrario! Give a negative answer to the following questions, using an adjective that has the opposite meaning.

1. È nuova la macchina?   No, _è vecchia._

2. È difficile l'esame?   No, _____

3. È grande Pierino?   No, _____

4. È grasso Antonio?   No, _____

5. È ricca Gianna?   No, _____

6. È vecchio Davide?   No, _____

D. Esprimiamo giudizi positivi! Complete each sentence, using the adjectives listed below.

alto	bravo	buono	difficile	elegante	forte	generoso
giovane	grande	grasso	intelligente	magro	nuovo	piccolo
povero	ricco	simpatico	spiritoso	stanco	vecchio	

1. Com'è il film *Il postino*?

   _____

2. Com'è il programma software WINDOWS '95?

   _____

3. Com'è la lingua giapponese?

   _____

4. Com'è Superman?

   _____

5. Com'è la supermodella Linda DiBattista?

   _____

6. Com'è il comico Robin Williams?

   _____

7. Com'è la torre CN di Toronto?

   _____

8. Com'è questo corso?

   _____

9. Come sono gli studenti alla fine dell'anno accademico *(at the end of the academic year)* ?

_____

10. Come sono molti bambini del Terzo Mondo *(the Third World)*?

_____

E. Un po' di logica! Define each family member, as in the example.

1. Mio zio è ___il fratello di mio padre / di mia madre._____

2. Mio suocero è _____

3. Mio cognato è _____

4. Mio cugino è _____

5. Mio nonno è _____

6. Mia zia è _____

7. Mio nipote è _____

8. Mia nuora è _____

9. Mia cognata è _____

10. I miei nonni sono _____

F. Attenzione alle finali! Complete the following sentences with the appropriate endings where necessary.

1. Mi_____ padr_____ è molt_____ simpatic_____ e intelligent_____.

2. Mi_____ madr_____ è molt_____ simpatic_____ e intelligent_____.

3. I mie_____ zi_____ e i mie_____ cugin_____ sono tutti all'estero.

4. Io ho due fratell_____ e due sorell_____.

5. Le mi_____ sorell_____ sono molt_____ simpatic_____.

6. _____ spaghett_____ sono molt_____ buon_____.

7. I mie_____ amic_____ sono italian_____.

8. Le mi_____ amic_____ sono frances_____.

9. L'ingegner_____ Rossi è molt_____ elegant_____.

10. La signor_____ Marini è alt_____ e magr_____.

11. Mia figli_____ è molt_____ generos_____.

12. I mie_____ nipot_____ sono buon_____.

G. La mia famiglia. Write a short paragraph, composed of simple sentences, briefly describing members of your family.

_____

_____

_____

_____

_____

_____

_____

H. Aggettivo o avverbio? Fill in the blanks with the appropriate endings. Remember that the endings for **molto** and **tanto** have different forms depending on whether they are used as adjectives or adverbs.

1. Nella classe ci sono molt_____ student_____ e molt_____ studentess_____.

2. Gli studenti sono molt_____ brav_____ e le studentesse sono molt_____ brav_____.

3. Nella cartella ci sono tant_____ libr_____ e tant_____ penn_____.

4. L'edificio è molt_____ grand_____.

5. I film di Fellini sono molt_____ bell_____.

6. Mia sorella è molt_____ alt_____ e molt_____ magr_____.

7. Mio padre è un avvocato molt_____ brav_____.

8. Povero ragazzo! Ha tant_____ sold_____ ma pochi amici.

I. Rispondi alle domande. Answer each question with the appropriate term for the family relationship.

1. Chi è il padre di tua madre?

_È mio nonno._____

2. Chi sono i figli di tuo zio?

_____

3. Chi sono i fratelli di tuo padre?

_____

4. Chi è la madre di tuo padre?

_____

5. Chi è il marito di tua sorella?

_____

6. Chi sono i figli di tuo fratello?

_____

7. Chi sono le sorelle di tua madre?

_____

8. Chi è la figlia di tuo figlio?

_____

9. Chi è la moglie di tuo fratello?

_____

10. Chi è la figlia di tua zia?

_____

Tema 2

A. Una telefonata: occhio ai verbi! Fill in the blanks with the appropriate form of the verbs **volere**, **dovere**, and **potere**.

FRANCA: Pronto?

MICHELE: Sono Michele. Ciao, Franca, come stai?

FRANCA: Bene, grazie, e tu?

MICHELE: Bene. Franca, _____ venire con me al cinema oggi?

FRANCA: Scusa, ma oggi non _____ venire con te. _____ andare in centro con mia madre.

MICHELE: E stasera cosa fai? _____ venire con me al cinema?

FRANCA: Stasera veramente _____ studiare matematica. Anche tu _____ studiare, Michele. Abbiamo un esame, no?

MICHELE: Già, domani c'è l'esame. _____ studiare!

FRANCA: Beh, _____ studiare insieme *(together)* se _____ .

MICHELE: Certo che _____ studiare con te! Vengo io a casa tua, va bene?

FRANCA: Va bene. A stasera. Ciao!

MICHELE: Ciao!

B. Pronto, chi parla? Answer the following questions with complete sentences about your telephone and telephone habits. Be sure to write out all the numbers in word form.

1. Quanti telefoni hai a casa tua?

   _____

2. Qual è il tuo numero di telefono?

   _____

3. Qual è il tuo prefisso?

   _____

4. Quante telefonate fai ogni giorno?

   _____

5. A chi telefoni?

   _____

6. Ti piace parlare al telefono?

   _____

7. Quando il telefono squilla, come rispondi?

   _____

C. Occhio al verbo *sapere*! Fill in the blanks with the appropriate form of the verb **sapere**.

1. Tu _____ che ora è?

2. Io non _____ parlare bene l'italiano.

3. Mia madre _____ che io voglio uscire stasera.

4. Dino e Maria _____ che c'è un bel film al cinema Rex.

5. Voi _____ il mio numero di telefono?

6. Loro non _____ che io sono impegnata?

7. Tu _____ scrivere a macchina?

8. Noi _____ parlare il francese.

D. Occhio al verbo *conoscere*! Fill in the blanks with the appropriate form of the verb **conoscere**.

1. Io non _____ Londra.

2. Tu _____ Roma?

3. Mario _____ bene i film di Bertolucci.

4. Noi _____ i dischi di Madonna.

5. Loro _____ il ristorante San Giorgio.

6. Voi _____ il professor Binni?

7. Pina _____ il signor Rossi?

8. Giovanni e Lucia non _____ Torino.

E. Occhio ai verbi! Choosing from the following -ire verbs, fill in the blanks with the appropriate form of the verb. Some verbs are used more than once.

aprire	capire	dormire	finire	partire	preferire	pulire	uscire	venire

1. —Tu cosa _____: andare al cinema o guardare la TV?

   —Io _____ andare al cinema: c'è un nuovo film al Rex.

2. A che ora _____ il treno *(train)* per Roma?

3. —Susanna, perché non _____ a casa mia?

   —Va bene, _____ subito!

4. —Dino, vuoi _____ con me stasera?

   —Non posso, ho un altro appuntamento.

5. —Voi cosa _____ bere: caffè o cappuccino?

   —Io e mamma _____ il cappuccino, ma papà beve solo il caffè.

6. —Mamma, stasera io _____ con Dino.

   —A che ora _____?

7. —A che ora _____ l'autobus per New York?

—Ci sono due autobus che *(that)* _____ alle otto.

8. —Mario _____ bene il francese.

—Anch'io _____ il francese!

9. —Voi a che ora _____ le lezioni oggi?

—Io _____ alle tre. Maria invece _____ alle quattro.

10. —Tu _____ bene l'italiano?

—Sì, _____ se parli lentamente *(slowly)*.

11. In classe gli studenti _____ il libro e fanno gli esercizi.

12. Ogni sabato ci alziamo presto e _____ la casa.

13. Fa caldo. Michele, perché non _____ la finestra?

14. Pierino va a dormire alle nove e si alza a mezzogiorno: _____ troppo!

F. I numeri (1–100).

I. Write out in words the phone numbers in Marco's phone list.

	B
Antonio Britti	42-50-81
Giovanni Buccheri	69-96-33
Rita Bertucci	22-28-30
Silvana Benedetti	31-39-45
Tracy Barker	51-67-68

1. Antonio Britti _____

2. Giovanni Buccheri _____

3. Rita Bertucci _____

4. Silvana Benedetti _____

5. Tracy Barker _____

II. Write out the next two numbers in each sequence.

1. due / quattro / sei / otto _____

2. nove / undici / tredici _____

3. cinque / dieci / quindici _____

4. quaranta / cinquanta / sessanta _____

5. due / quattro / otto / sedici _____

Ricapitoliamo!

A. Ti presento la mia famiglia! Choose four members of your family and describe them. Include name, age, birthday, occupation, physical characteristics, interests; if you wish, write what you like or don't like about them.

1. _____
_____
_____
_____

2. _____
_____
_____
_____

3. _____
_____
_____
_____

4. _____
_____
_____
_____

B. Completiamo! In Box 1, write the names of all the professions you can remember. In Box 2, write all the expressions you know for expressing your feelings.

1.

professore

2.

Che bello!

C. Qual è la frase giusta? Four of these sentences are correctly written. Write a check mark (✓) by the correct sentences and an (✗) by the incorrect ones. Then correct the incorrect sentences and rewrite them below.

1. Oggi è mio compleanno. ( )

2. Nostro cugino si chiama Sergio. ( )

3. Signor Marchi, oggi è il tuo compleanno? ( )

4. Ecco la mia mamma. ( )

5. Noi finisciamo le lezioni ogni giorno alle tre. ( )

6. Vuoi venire a casa mia? ( )

_____

_____

D. I membri della famiglia. Insert the missing words in the table below.

MASCHILE	FEMMINILE
1. _____	la madre
2. il marito	_____
3. _____	la nipote
4. il fratello	_____
5. _____	la cugina
6. il figlio	_____
7. _____	la nuora
8. il nonno	_____
9. _____	la zia
10. il suocero	_____
11. _____	la cognata

E. La famiglia Rossi. Use the family tree to answer the following questions.

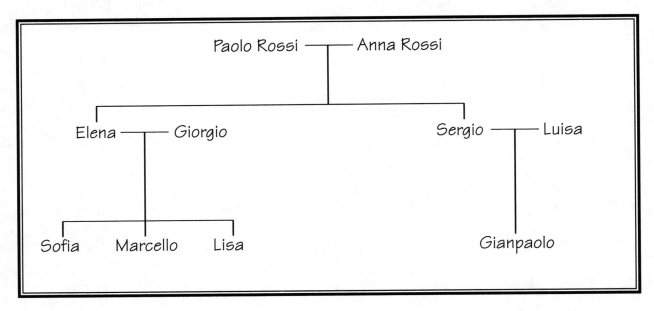

1. Chi è il marito di Anna?

   _____

2. Chi è la madre di Elena?

   _____

3. Chi è la moglie di Sergio?

   _____

4. Chi è il figlio di Luisa?

   _____

5. Chi è il cugino di Gianpaolo?

   _____

6. Chi è il fratello di Sofia?

   _____

7. Chi è la sorella di Lisa?

   _____

8. Chi è il nonno di Marcello?

   _____

9. Chi è la cognata di Giorgio?

_____

10. Chi è il genero di Paolo?

_____

11. Chi è la suocera di Luisa?

_____

12. Chi è la zia di Marcello?

_____

F. Traduciamo! Translate the following sentences.

1. I have three brothers and one sister.

_____

2. Are your grandparents nice?

_____

3. My relatives are very interesting.

_____

4. Maria's uncles and aunts are abroad.

_____

5. John is thinking of going downtown.

_____

6. Claudio is waiting for Laura.

_____

7. On Wednesdays I have an Italian class.

_____

8. My grandfather's name is Renato.

_____

9. How many cousins do you have?

_____

10. Here are the things that we do every day.

_____

G. Scriviamo una lettera! You are writing your first letter to your pen pal in Italy, Gianni Banfi. Describe yourself and tell him as much about yourself as you can: where you live, what you are studying, how you spend your day. Also write about other things that are important to you; your family, your favorite pastimes, music, actors, and so on. In short, try to introduce him to **«il tuo mondo»**.

Caro Gianni, _____

_____

_____

_____

_____

_____

_____

_____

_____

_____

H. Prepariamo un'intervista! You have to interview an Italian exchange student at your school. Naturally, you want to find out as much as you can about him or her. Prepare for the interview by writing down ten questions (ask his/her name and address and about everyday activities, studies, family, pastimes, etc.).

1. _____

2. _____

3. _____

4. _____

5. _____

6. _____

7. _____

8. _____

9. _____

10. _____

I. Come si dice... ? In the space provided, list all the additional words and expressions dealing with activities featured in this chapter (talking about one's family, describing people, phoning, inviting) that you would like to know. With the help of a dictionary and your instructor, find the Italian equivalents.

_____

_____

_____

_____

_____

_____

_____

_____

_____

_____

CAPITOLO
5 TI PRESENTO LA MIA FAMIGLIA!

IN LABORATORIO!

Pronuncia: Sillaba, accento e intonazione / Vocali toniche

A. A stressed vowel is held longer and emphasized more than an unstressed one if the vowel is in an *open* syllable: i.e., if it is the vowel that ends the syllable. In a *closed* syllable—a syllable that ends in a consonant—both the stressed and unstressed vowels are short:

	Stressed	Unstressed
Open Syllable	**ve-ro** (long)	**ve-ra-men-te** (short)
	co-sa (long)	**trat-to-ri-a** (short)
Closed Syllable	**di-vor-zio** (short)	**man-gia-re** (short)
	as-pet-ta (short)	**gen-ti-le** (short)

B. Repeat each of the following words, expressions, and sentences, imitating the speaker. Then write out each word as the speaker dictates it.

1. telefono
2. zio
3. telefonino
4. in aumento
5. Ma come?
6. Non importa!
7. Loro sono iscritti allo stesso corso.
8. È una donna molto intelligente.

Ascolto

C. Occhio all'aggettivo! You will hear some sentences in the singular. Each will be read twice. Repeat each sentence; then transform it into the plural. Listen for the correct answer.

> **Esempio:** *You hear:* È un bambino bello.
> *You say:* È un bambino bello. / Sono bambini belli.

(Items 1–5)

D. Giochiamo con le parole. Form a complete sentence out of each group of words, paying careful attention to number and gender agreement. Then repeat the response after the speaker.

> **Esempio:** *You see:* mio / professoressa / essere / intelligente
> *You say:* La mia professoressa è intelligente.

1. mio / zii / essere / simpatico
2. mio / nonna / essere / ricco
3. mio / amiche / essere / italiano
4. mio / casa / essere / bello
5. mio / fratello / essere / generoso

E. Completiamo! Complete each sentence, choosing from the words provided. Say the entire sentence; then repeat the correct answer after the speaker.

| numero | quanti | grandi | tra | ora | a | sanno | conoscono |

1. _____ caffè bevi ogni giorno?

2. Marisa e Claudia sono _____ amiche?

3. Scusi, ho sbagliato _____.

4. A che _____ vengono?

5. Vengono _____ due ore.

6. Io telefono _____ Laura tutte le sere.

7. Loro non _____ nessuno qui.

8. Tutti _____ che lei è una brava professoressa.

F. Dettato. You will hear five sentences. Each will be read three times. During the first reading, listen to the sentence. During the second reading, write what you hear. Then, during the third reading, check your work.

1. _____

2. _____

3. _____

4. _____

5. _____

G. Le coppie. You will hear the words listed in column A. Match each one with the appropriate word in column B, saying the complete sentence. Then repeat the correct answer after the speaker.

Esempio: *You hear:* Ti presento i miei…
You say: Ti presento i miei genitori.

A	**B**
1. Ti presento i miei…	a. madre.
2. Ti presento il mio…	b. auguri.
3. Oggi è il mio…	c. professoressa.
4. Ecco mia…	d. genitori.
5. Ti presento mio…	e. compleanno.
6. Ecco la mia…	f. andare via.
7. Tanti…	g. amico.
8. Adesso devo…	h. fratello.

H. È il libro di Marco?   You will hear five questions. Each will be asked twice. Answer affirmatively, as in the example. Then repeat the correct answer after the speaker.

>   **Esempio:** *You hear:* È l'amico di Marco?
>   *You say:* Sì, è il suo amico.

(Items 1–5)

I. È tuo zio?   You will hear five questions. Each will be asked twice. Answer negatively, as in the example. Then, repeat the correct answer after the speaker.

>   **Esempio:** *You hear:* È tuo zio?
>   *You say:* No, non è mio zio.

(Items 1–5)

J. I pronomi possessivi.   You will hear five questions. Each will be asked twice. Answer affirmatively, as in the example. Then repeat the correct answer after the speaker.

>   **Esempio:** *You hear:* Di chi è l'orologio? È tuo?
>   *You say:* Sì, è il mio.

(Items 1–5)

K. Pronto, chi parla?   You are staying with the Papini family in Florence. Everyone has gone out except you. Mr. and Mrs. Papini are expecting some important calls and have asked you to take messages. Each caller will ask for Mr. or Mrs. Papini and leave a name and phone number. Each message will be read twice. As you listen, complete the message slips below. Note that phone numbers will be given in pairs.

1.

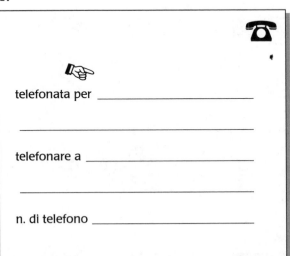

telefonata per _____

_____

telefonare a _____

_____

n. di telefono _____

2.

telefonata per _____

_____

telefonare a _____

_____

n. di telefono _____

3.

```
                                    ☎
      ☞
telefonata per _____

_____

telefonare a _____

_____

n. di telefono _____
```

4.

```
                                    ☎
      ☞
telefonata per _____

_____

telefonare a _____

_____

n. di telefono _____
```

L. Mi chiamo... You will hear Enzo and Teresa talk about themselves. As you listen, indicate whether the statements below are true (**vero**) or false (**falso**). You will hear each description twice.

ENZO	VERO	FALSO
1. Enzo abita a Milano.	_____	_____
2. Enzo è nato l'undici luglio 1965.	_____	_____
3. Enzo è medico.	_____	_____
4. Suo padre è avvocato.	_____	_____
5. Sua madre è professoressa.	_____	_____
6. I suoi genitori non sono né simpatici né intelligenti.	_____	_____
7. Enzo ha una sorella.	_____	_____
8. Sua sorella è alta e bella.	_____	_____
9. Sua sorella fa la commessa.	_____	_____
10. Enzo è basso.	_____	_____
11. A Enzo non piacciono i film di Woody Allen.	_____	_____
12. A Enzo piace leggere.	_____	_____

TERESA

		VERO	FALSO
1.	Teresa è nata a Roma.	_____	_____
2.	Teresa abita a Roma.	_____	_____
3.	Teresa abita a Roma con sua nonna.	_____	_____
4.	Teresa ha diciannove anni.	_____	_____
5.	Teresa è una studentessa universitaria.	_____	_____
6.	Teresa studia matematica e biologia.	_____	_____
7.	Teresa studia all'università di Roma.	_____	_____
8.	Teresa parla inglese e francese.	_____	_____
9.	A Teresa piace molto studiare.	_____	_____
10.	Teresa desidera prima finire l'università, poi sposarsi.	_____	_____

CAPITOLO

6 CHE ORE SONO?

AL LAVORO!

Tema 1

A. Che ora è? Indicate the time shown for each illustration.

Esempio:

_____Sono le tre._____

1. _____   2. _____

3. _____   4. _____

5. _____   6. _____

7. _____   8. _____

B. A che ora? Piero is a university student. Look at his busy schedule for the day and answer the questions that follow.

	29 ottobre - martedì
9:00	lezione d'italiano
10:00	lezione di francese
11:00	appuntamento con il Prof. Rossi
12:00	} mensa: pranzo
1:00	
2:00	} studiare in biblioteca
3:00	
4:00	telefonare a Gino
5:00	cinema Rex (Thelma & Louise)

1. Cosa fa Piero alle nove?

   Alle nove Piero va a lezione d'italiano.

2. E alle dieci?

_____

3. E alle undici?

_____

4. E alle dodici?

_____

5. E dalle due alle tre?

_____

6. E alle quattro?

_____

7. E alle cinque dove va?

_____

C. Occhio al verbo *uscire*! Complete each sentence with the appropriate form of the verb **uscire** and the time indicated.

1. Io _esco alle nove._____ | 9:00 |

2. Voi _____ | 3:30 |

3. Mario _____ | 10:45 |

4. Noi _____ | 6:00 |

5. Gina e Maria _____ | 9:30 |

6. Tu _____ | 7:00 |

D. Occhio all'aggettivo *buono*! Fill in the blanks with the correct form of **buono**.

1. Voglio bere un ____buon_____ caffè.

2. Maria è una _____ amica.

3. La Fiat è una _____ macchina.

4. Mario e Giorgio sono _____ amici.

5. Marco è un _____ ragazzo.

6. Gino è un ragazzo _____.

7. Pina e Gabriella sono _____ amiche.

E. Il passato: l'ausiliare *avere*. Rewrite the following sentences in the past tense.

1. Io compro il vestito rosso.

   Io ho comprato il vestito rosso.

2. Roberta cena alle sette.

   _____

3. Giancarlo sa che io sono italiano.

   _____

4. Luigi non capisce niente.

   _____

5. Noi non dormiamo bene in questo letto.

   _____

6. I ragazzi guardano un film.

   _____

7. Il telefono suona in continuazione *(continuously)*.

   _____

8. I Rossi ascoltano solo musica classica.

   _____

9. Gli studenti finiscono l'esame alle tre.

   _____

10. Non serviamo bevande alcoliche *(alcoholic beverages)* prima delle sei.

    _____

Tema 2

A. Completiamo le frasi! Fill in the blanks with the appropriate form of the past tense, choosing from the list of infinitives below.

aprire	pulire	fare	squillare	comprare	vedere	prendere
scrivere	mettere	vendere	rispondere	mangiare	bere	

1. Ieri io _____ *ho visto* _____ un film bellissimo.

2. Stamattina Giovanni _____ una lettera a suo padre.

3. Il telefono _____ ma noi non _____.

4. Mia madre _____ i vestiti nell'armadio *(in the closet)*.

5. Ieri mia sorella _____ un cappotto elegantissimo.

6. Siamo andati al bar e _____ un caffè.

7. Oggi per pranzo Gianni e Dino _____ un panino e

_____ una Coca-Cola.

8. La commessa _____ tutti i modelli dell'anno scorso.

9. Questa mattina in classe gli studenti _____ il libro e

_____ gli esercizi.

10. Sabato scorso io _____ tutta la casa.

B. Occhio al verbo! Write the correct form of the verb in the table below.

	PRESENTE	PASSATO
1.	**io parlo**	io ho parlato
2.		io ho finito
3.	noi apriamo	
4.		tu hai detto
5.	lui fa	
6.		loro hanno risposto
7.	voi decidete	
8.		lei ha risposto
9.	noi scriviamo	
10.		loro hanno preso

C. Rispondi di no! Answer each question negatively, using **nessuno, niente, né... né, mai, più,** or **affatto.**

1. Pina prende qualcosa?

No, non prende niente.

2. Chi c'è oggi in classe?

_____

3. Bevi tè o caffè?

   _____

4. Pina telefona spesso a Marco?

   _____

5. Ti piace ancora questo disco?

   _____

6. È vero che tu hai comprato una Ferrari?

   _____

7. Avete saputo qualcosa?

   _____

8. Hai incontrato qualcuno?

   _____

9. Luigi fa sempre colazione alle otto?

   _____

10. Loro hanno visto *Il postino* molte volte?

   _____

Ricapitoliamo!

A. Rispondi! Answer the following personal questions.

1. A che ora hai pranzato oggi?

   _____

2. Hai mai giocato a tennis? Quante volte?

   _____

3. Hai visto il film *Il postino*?

   _____

4. A che ora hai finito i compiti ieri sera?

   _____

5. Hai mai conosciuto una persona famosa? Chi?

_____

6. Hai viaggiato recentemente? Dove sei stato?

_____

7. Hai scritto molte lettere ultimamente *(lately)*?

_____

8. Cosa hai preso oggi per pranzo?

_____

9. Hai fatto colazione questa mattina?

_____

10. Cosa hai fatto ieri?

_____

11. Hai mai visto un'opera italiana? Quale?

_____

12. Che tipo di musica preferisci?

_____

B. Traduciamo! Translate the following sentences.

1. Maria can't come at 2:00 p.m. because she has another appointment.

_____

2. "What time is it?"
"It's a quarter to three."

_____

3. How many Italian operas did you study last year?

_____

4. The students didn't understand Fellini's film *Amarcord* right away.

_____

5. John is a good friend. Paula is also a good friend.

_____

6. Have you ever seen Hitchcock's films?

_____

7. "Did you call Peter?"
"Yes. I called twice. No one answered."

_____

8. We left the house this morning at 7:30 a.m. and we returned home at midnight!

_____

C. Italiani famosi.
Complete the following exercise, giving the names of the film directors and opera composers.

FILM	REGISTA
1. _Nuovo Cinema Paradiso_	G. Tornatore
2. _La dolce vita_	
3. _Il gattopardo_	
4. _Blow up_	
5. _Roma, città aperta_	
6. _Ladri di biciclette_	

OPERA	COMPOSITORE
1. _Il Barbiere di Siviglia_	
2. _La Traviata_	
3. _Tosca_	
4. _L'Elisir d'amore_	
5. _La Bohème_	

D. Dialogo.
Complete the following dialogue.

FRANCO: Ciao, Anna, come stai?

ANNA: _____

FRANCO: Anna, domani vuoi andare al cinema a vedere _Il postino_?

ANNA: _____

FRANCO: Allora, possiamo vedere un altro film: hai visto *Balla coi lupi*?

ANNA: _____

FRANCO: Beh, ho un'altra idea: andiamo all'opera a vedere *Tosca*.

ANNA: _____

FRANCO: Pavarotti!

ANNA: _____

FRANCO: Alle otto e mezza.

ANNA: _____

FRANCO: D'accordo, a domani. Ciao!

ANNA: _____

E. Come si dice... ? In the space provided, list all the additional words and expressions dealing with activities featured in this chapter (telling time, negating) that you would like to know. With the help of a dictionary and your instructor, find the Italian equivalents.

_____

_____

_____

_____

_____

_____

_____

_____

_____

_____

CAPITOLO

6 CHE ORE SONO?

IN LABORATORIO!

Pronuncia: Ancora sulle vocali

A. If a noun or adjective ends in two vowels belonging to separate syllables, the result is a lengthened vowel when the noun or adjective is pluralized:

SINGOLARE	PLURALE
zio	**zii**
idea *(idea)*	**idee**

B. Repeat each of the following words, imitating the speaker, then write out each word as the speaker dictates it. Finally, change each word to the plural. **Attenzione!** Not all the words end in a lengthened vowel in the plural.

1. l'idea _____

2. la storia _____

3. lo zio _____

4. la zia _____

5. la farmacia _____

6. la trattoria _____

7. la linea _____

8. la pizzeria _____

9. la bugia _____

10. la moglie _____

Ascolto

C. No, sono le tre e un quarto. Respond negatively to each question, adding 15 minutes to the time indicated. Then repeat the correct answer after the speaker.

> **Esempio:** *You hear:* Sono le tre?
> *You say:* No, sono le tre e un quarto.

(Items 1–5)

D. Le coppie. You will hear the speaker give the time. Repeat the time using an equivalent expression. Then repeat the correct response after the speaker.

> **Esempio:** *You hear:* Sono le tredici.
> *You say:* È l'una del pomeriggio.

1. Sono le sei e un quarto.
2. Sono le ventidue.
3. Sono le sette e mezza.
4. Sono le due meno dieci.
5. Sono le due del pomeriggio.

E. Rispondi di no! You will hear five questions, each read twice. Answer each one negatively. Then repeat the correct answer after the speaker.

>   **Esempio:** *You hear:* Chi c'è oggi a casa?
>   *You say:* Non c'è nessuno oggi a casa.

(Items 1–5)

F. No, ho già mangiato. You will hear five questions, each asked twice. Answer each question negatively, using **già**. Then repeat the response after the speaker.

>   **Esempio:** *You hear:* Devi ancora mangiare?
>   *You say:* No, ho già mangiato.

(Items 1–5)

G. Oggi e ieri. You will hear six sentences. Transform them from the present tense to the past tense. Then repeat the correct answer after the speaker.

>   **Esempio:** *You hear:* Oggi non faccio colazione.
>   *You say:* Ieri non ho fatto colazione.

(Items 1–6)

CAPITOLO

7 CHE TEMPO FA?

AL LAVORO!

Tema 1

A. Che tempo fa?
I. Using the weather map below as a guide, answer the questions about today's weather in various Italian cities. Give as much information as possible.

1. Che tempo fa oggi a Milano?

_____

2. Che tempo fa oggi a Venezia?

_____

3. Che tempo fa oggi a Firenze?

_____

4. Che tempo fa oggi a Roma?

_____

5. Che tempo fa oggi a Palermo?

_____

II. Describe the weather illustrated in each drawing.

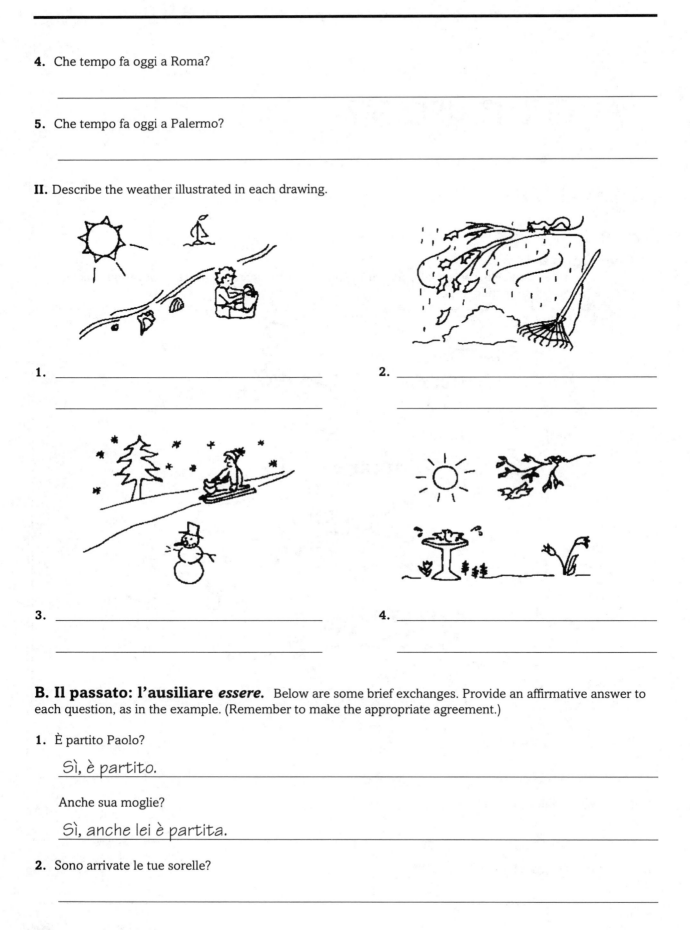

1. _____

_____

2. _____

_____

3. _____

_____

4. _____

_____

B. Il passato: l'ausiliare _essere_. Below are some brief exchanges. Provide an affirmative answer to each question, as in the example. (Remember to make the appropriate agreement.)

1. È partito Paolo?

Sì, è partito. _____

Anche sua moglie?

Sì, anche lei è partita. _____

2. Sono arrivate le tue sorelle?

_____

Anche tuo fratello?

_____

3. Marco è venuto a casa tua?

_____

E la sua fidanzata?

_____

4. Claudia è andata alla festa ieri?

_____

Anche sua sorella?

_____

5. Sono partiti i tuoi genitori?

_____

E i tuoi zii?

_____

C. Occhio al verbo! Write the correct form of the verb in the table below.

	PRESENTE	PASSATO
1.	io sono	io sono stato
2.		io sono arrivato
3.	noi veniamo	
4.		tu sei rientrata
5.	lui parte	
6.		loro sono cresciuti
7.	voi andate	
8.		lei è stata
9.	ti piace	
10.		loro sono andate

D. Il passato: l'ausiliare *essere* o *avere*? Guessing what verbs to use from the context, fill in the blanks with the appropriate form of the verb in the past tense. In some cases more than one answer is possible.

1. L'anno scorso noi ___*siamo andati*___ a Roma e _____ il Vaticano.

2. A che ora _____ tuo fratello?

3. I miei genitori _____ ieri.

4. La mia fidanzata _____ un vestito e una giacca.

5. Dino e Marina oggi _____ in centro e _____
   un caffè in un bar italiano.

6. La settimana scorsa io _____ una lettera a mio cugino.

7. Voi _____ il giornale di oggi?

8. Tu quando _____ a studiare l'italiano?

9. Noi _____ Pina solo un anno fa.

10. Lunedì scorso Mario _____ a casa mia per il mio compleanno.

11. Ieri sera noi _____ al telefono con i nostri parenti in Italia.

12. «Paola, ieri tu _____ con Gina?»

    «Sì, _____ in centro insieme.»

13. «Sei andato al cinema domenica scorsa?»

    «No, non _____ andare: _____ studiare.»

14. Pierino stamattina non _____ fare colazione: non aveva fame *(he was not hungry)*.

Tema 2

A. Bello... Fill in the blanks with the correct form of **bello**.

I. 1. Marco è un ___*bell'*___ uomo.

    2. Pina è una _____ donna.

    3. Io ho un _____ libro.

    4. Noi abbiamo un _____ stereo.

    5. *Cinema Paradiso* è un _____ film.

    6. Maria è una _____ ragazza.

    7. Filippo e Carlo sono due _____ ragazzi.

    8. Anna e Pina sono due _____ bambine.

II. 1. Che _____ orecchini!

   2. Che _____ sciarpa!

   3. Che _____ anello!

   4. Che _____ collana!

   5. Che _____ scarpe!

B. Dare... Fill in the blanks with the correct form of **dare**.

1. Gli studenti _____ del Lei *(use the formal form)* al professore.

2. Mia madre _____ un bel regalo a mio fratello.

3. Pierino, _____ mai uno dei tuoi giocattoli a tua sorella?

4. Per favore, potete _____ un passaggio *(give a lift)* a Franco?

5. Spesso io _____ i miei appunti ai miei amici.

6. Scusi, signora, mi _____ una mano *(give a hand)*, per favore?

C. Ti è piaciuto? Answer the following questions affirmatively.

1. Ti è piaciuto il film *Il postino*?

   Sì, mi è piaciuto.

2. E le ultime canzoni a San Remo?

_____

3. E l'opera *La Bohème*?

_____

4. E i regali di Natale?

_____

5. E i nuovi orecchini della tua amica?

_____

6. E la collana di perle di Marisa?

_____

7. E la sciarpa di lana di Luigi?

_____

8. E l'anello di fidanzamento di Laura?

_____

D. Che bel film! Express your appreciation about the following things, using **bello**.

1. film   _Che bel film!_____

2. gloves   _____

3. necklace   _____

4. books   _____

5. presents   _____

6. shoes   _____

Ricapitoliamo!

A. In vacanza! You are spending your winter vacation in the two locations mentioned below and are writing a postcard to your Italian friends. On each postcard, ask your friends how they are; say that you are fine; describe the weather; and finally, close with **Abbracci, vostro/vostra**... .

1. Acapulco, Mexico

Acapulco, Mexico

2. Cortina d'Ampezzo *(a winter resort in the Italian Alps popular with skiers)*

CORTINA D'AMPEZZO

_____

_____

_____

_____

B. Previsioni del tempo! Read the following newspaper weather forecasts and answer each question in English using the information provided. Use a dictionary to find the meaning of any unfamiliar words.

a.

> *Oggi e domani nebbia nelle prime ore del mattino, quindi sereno, caldo e umidità per il resto della giornata. Temperatura massima 32 gradi entrambi i giorni, più fresco vicino al lago. Minima per oggi e domani 18.*

1. What is the weather forecast expected for today and tomorrow?

_____

2. What is the expected high temperature for both days?

_____

3. How is the weather near the lake?

_____

4. What is the expected low temperature for both days?

_____

b.

> *Freddo anche oggi con possibilità di temporali nel pomeriggio. Venti da ovest a 30 Km orari. Massima 4. Sabato prevalentemente nuvoloso con una massima di 6 e una minima di 2. (Maggiori dettagli a pagina 5)*

1. What is today's forecast?

_____

2. From which direction will the wind be blowing?

_____

3. What type of weather and temperature is to be expected on Saturday?

_____

4. Where can you find additional weather information?

_____

c.

> *Su tutte le regioni italiane nuvoloso con isolate precipitazioni. Temperatura in lieve aumento. Venti deboli sulle regioni adriatiche, moderati sulle altre regioni.*

1. What is the forecast for all Italian regions?

_____

2. Are the regions experiencing a rise or a fall in temperature?

_____

3. What type of winds will be blowing over the Adriatic regions?

_____

4. What type of winds will be blowing over the other regions?

_____

C. Perché sono famosi? Answer the following questions in Italian with complete sentences.

1. Dove si trova la Fontana di Trevi? Perché è famosa?

_____

_____

_____

2. Chi è la Befana?

_____

_____

_____

D. Cosa hai fatto ieri? Write five things you did yesterday, using the **passato prossimo** of the verbs you choose.

1. _____

2. _____

3. _____

4. _____

5. _____

E. Mariella e gli amici. Complete the following paragraph with verbs in the **passato prossimo.**

Ieri sera Mariella _____¹ con gli amici. Loro _____² al cinema e

_____³ un bel film. Poi _____⁴ al bar e _____⁵ un

caffè. Mariella _____⁶ a casa a mezzanotte.

F. Tradurre. Translate the following sentences.

1. Yesterday Maria did not go to school.

_____

2. She could not go because she had to finish an assignment.

_____

3. I was not able to see the movie.

_____

4. Why didn't you answer the phone?

_____

5. At what time did Robert arrive?

_____

G. Come si dice... ? In the space provided, list all the additional words and expressions dealing with activities featured in this chapter (talking about the weather, expressing appreciation) that you would like to know. With the help of a dictionary and your instructor, find the Italian equivalents.

_____

_____

_____

_____

_____

_____

_____

_____

_____

7 CHE TEMPO FA?

IN LABORATORIO!

Pronuncia: L'accento tonico

A. Note the following patterns of where to put the main stress on Italian words:

- In two-syllable words, the accent falls on the first syllable:

casa	=	ca̱-sa
sole	=	so̱-le
scarpa	=	sca̱r-pa

- Unless, of course, the final vowel is accented:

caffè	=	caf-fè̱
città	=	cit-tà̱
perché	=	per-ché̱

- In words with more than two syllables, the main stress usually falls on the next-to-last syllable:

temperatura	=	tem-pe-ra-tu̱-ra
temporale	=	tem-po-ra̱-le
regalo	=	re-ga̱-lo

- There are, as you have seen, words that do not follow this pattern:

pan-to̱-fo-la
se̱m-pli-ce
zu̱-cche-ro

- This is always true in the case of third-person plural forms in the present indicative:

pa̱r-la-no
le̱-ggo-no
do̱r-mo-no

B. Repeat each of the following words, imitating the speaker. Then write out each word as the speaker dictates it.

1. scontrino _____

2. vacanza _____

3. zucchero _____

4. normale _____

5. prendono _____

6. si chiamano _____

7. gioielleria _____

8. possibile _____

9. edicola _____

10. università _____

11. Messico _____

12. compito _____

13. suocero_____

14. uomini _____

15. difficile _____

16. musica _____

Ascolto

C. No, è venuto ieri. You will hear five questions, each asked twice. Answer each question using the past tense. Then repeat the answer after the speaker.

> **Esempio:** *You hear:* Viene oggi Carlo?
> *You say:* No, è venuto ieri.

(Items 1–5)

D. Ti è piaciuto? You will hear five questions, each asked twice. Respond to each question by saying that you liked each of the items mentioned. Then repeat the answer after the speaker.

> **Esempio:** *You hear:* Ti è piaciuto l'anello di Carlo?
> *You say:* Sì, mi è piaciuto molto!

(Items 1–5)

E. Che tempo fa? Listen to the following weather forecast. It will be read twice. Then on the basis of what you have heard, indicate whether the following statements are true (**vero**) or false (**falso**).

	VERO	FALSO
1.	_____	_____
2.	_____	_____
3.	_____	_____
4.	_____	_____

Nome: _____ Data: _____

F. Qual è la temperatura di oggi? You will hear the speaker say today's low and high temperatures (in Celsius) in several major cities. In the space provided, write out in words the temperature of each city. Each will be read twice.

	MINIMA *(LOW)*	MASSIMA *(HIGH)*
1. Amsterdam	_____	_____
2. Buenos Aires	_____	_____
3. Chicago	_____	_____
4. Hong Kong	_____	_____
5. Istanbul	_____	_____
6. Los Angeles	_____	_____
7. Madrid	_____	_____
8. New York	_____	_____
9. Roma	_____	_____
10. Sydney	_____	_____
11. Tokio	_____	_____
12. Toronto	_____	_____

G. Che tempo fa? You will hear Marco describe the weather in his part of the country during the different seasons. Write the number of each sentence next to the picture that best corresponds to Marco's description. One picture will not be used.

_____   _____

____    ____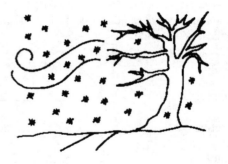

____

CAPITOLO

8 BUON COMPLEANNO!

AL LAVORO!

Tema 1

A. Siamo gentili! Respond with the appropriate expression, choosing from those given below.

Auguri!	Buona notte!	Buon viaggio!
Buon appetito!	Buon Natale!	Buona Pasqua!
Buon divertimento!	Buona fortuna!	Buona giornata!

1. Oggi è il mio compleanno!

　Auguri! _____

2. *(il mattino)* Vado a lavorare: ho molto da fare!

_____

3. Domani parto. Vado a Roma!

_____

4. Questa sera vado al cinema!

_____

5. Ho fame, vado a mangiare!

_____

6. Domani ho un esame!

_____

7. Oggi è Natale!

_____

8. Oggi è Pasqua!

_____

9. È tardi: vado a dormire!

B. Ti annoi o ti diverti? Complete the following sentences, indicating three things that you enjoy doing, and three things you do not enjoy.

1. Io mi diverto quando...

a. _____

b. _____

c. _____

2. Io mi annoio quando...

a. _____

b. _____

c. _____

Now, write about your best friend.

3. Il mio amico/La mia amica si diverte quando...

a. _____

b. _____

4. Il mio amico/La mia amica si annoia quando...

a. _____

b. _____

C. La giornata di Pierino. Look at the series of drawings to the right, which illustrates a typical day in the life of Pierino. Then complete the sentences, filling in the appropriate verbs. Make sure you use reflexive verbs as needed, such as **alzarsi**, **lavarsi**, **vestirsi**, **mettersi**, **annoiarsi**, **divertirsi**.

Nome: _____ Data: _____

1. La mattina Pierino _____ alle sette.

2. Pierino _____ alla finestra e _____ fuori:

oggi _____ bel tempo; _____ una giornata

magnifica!

3. Poi _____ : _____ i pantaloni *(trousers)* e la giacca.

4. Poi Pierino _____ .

5. Alle otto Pierino _____ colazione: _____

il caffellatte e _____ un toast.

6. Finalmente, alle otto e mezza, Pierino _____ di casa.

7. Pierino _____ a scuola a piedi.

8. Oggi Pierino _____ lezione di matematica e di francese. Pierino

_____ perché le lezioni non _____ interessanti.

9. Dopo la scuola Pierino _____ al cinema a _____

un film di cowboys. Al cinema lui _____ molto perché il film è molto bello.

Adesso Pierino _____ felice!

D. Cosa stai facendo? Answer the questions affirmatively, using the present progressive (**stare** + *gerund*), as in the example.

1. Cosa fai, ascolti la radio?

Sì, sto ascoltando la radio. _____

2. Cosa fa Maria, legge?

_____

3. Cosa fate, guardate la TV?

_____

4. Cosa fai, Maria, bevi il caffè?

_____

5. Cosa fate, studiate?

_____

6. Cosa fanno i bambini, mangiano?

_____

7. Cosa fa Pierino, esce?

_____

8. Cosa fai, scrivi a Giorgio?

_____

E. Cosa stanno facendo? Under each picture, write down what the person/persons is/are doing.

1. _____

2. _____

3. _____

4. _____

5. _____

6. _____

F. Continua! Complete each phrase or sentence in an appropriate way.

1. Tanti _____

2. Buon _____

3. Ti presento la mia _____

4. Mio padre fa _____

5. Tante belle _____

6. Buona _____

7. Ho diciannove _____

8. Sono nato il _____

Tema 2

A. I mesi dell'anno. Rearrange the letters to find the months of the year.

1. gnogiu _____

2. mbrettese _____

3. brettoo _____

4. ionnage _____

5. zorma _____

6. glioul _____

7. stogoa _____

8. brabiofe _____

9. mbrecedi _____

10. lepria _____

11. venobrem _____

12. giomag _____

B. Il verbo *dire*? Fill in the blanks with the correct present-tense form of **dire**.

1. Io _____ «Buongiorno!»

2. Noi _____ «Buonanotte!»

3. Mio fratello _____ «Auguri!»

4. Loro _____ «Buona fortuna!»

5. Voi _____ «Buon divertimento!»

6. Tu _____ «Buon appetito!»

C. Occhio alla preposizione! Fill in the blanks with the appropriate preposition.

1. Fra poco cominciamo a vendere i modelli ____*dell'*____ anno prossimo.

2. Questo vestito è _____ saldo, signorina?

3. Gabriella compra sempre vestiti _____ ultima moda.

4. «Dov'è andato Franco?»

«È andato _____ cinema.»

5. Domani io devo partire _____ New York.

6. Oggi ho fatto colazione _____ sette.

7. Ieri sono andata _____ centro _____ il mio fidanzato.

8. Dov'è andato ieri il marito _____ signora Rossi?

9. «Dov'è la mia borsa?»

«È _____ tavolo.»

10. «Carlo, vieni _____ biblioteca?»

«No, vado _____ libreria.»

11. Ho messo i libri _____ cartella.

D. Domande personali. Answer the following personal questions.

1. Come ti chiami?

_____

2. Quanti anni hai?

_____

3. Quanti anni hanno tuo padre e tua madre?

_____

4. Quando sei nato?

_____

5. Che giorno è oggi?

_____

6. Quando è nato il tuo miglior amico *(best friend)*?

_____

7. A che ora ti alzi la mattina?

_____

8. Quanti ne abbiamo oggi?

_____

9. Quale professione o mestiere esercitano i membri della tua famiglia?

_____

Ricapitoliamo!

A. Scrivi la domanda! Write a question for each of the following answers.

1. _____
No, non mi piace.

2. _____
Sì, mi diverto molto.

3. _____
Di solito studio la sera.

4. _____
Stanno aspettando l'autobus.

5. _____
Piove.

6. _____
Oggi ne abbiamo dodici.

7. _____
Oggi è venerdì.

8. _____
È nato nel 1970.

9. _____
Ha dieci anni.

10. _____
È medico.

B. Come ha passato la giornata Claudia? Answer the questions about Claudia's day, based on the series of drawings.

1. A che ora si è alzata Claudia? _____

2. A che ora si è lavata? _____

3. Cosa si è messa oggi Claudia? _____

4. A che ora ha fatto colazione? _____

5. A che ora è uscita di casa? _____

6. Com'è andata a scuola? _____

7. A che ora è arrivata a scuola? _____

8. Claudia si è divertita oggi a scuola? _____

C. Cosa hai fatto ieri? List ten things you *did* or *did not* do yesterday. Think of what you did first thing in the morning, what you ate or drank, read or wrote, where you went, whom you talked to, whether you enjoyed yourself or got bored, etc.

1. _____

2. _____

3. _____

4. _____

5. _____

6. _____

7. _____

8. _____

9. _____

10. _____

D. Indovina cosa sta facendo. Write down what Maria is likely to be doing at the following times of the day.

1. Sono le sette di mattina. Cosa sta facendo Maria?

    Sta... _____

2. Sono le otto di mattina.

    _____

3. Sono le dieci di mattina.

    _____

4. È mezzogiorno.

    _____

5. Sono le quattro di pomeriggio.

    _____

6. Sono le otto di sera.

    _____

7. È mezzanotte.

    _____

E. Quando arriva a New York Paolo? Paolo Rossi is organizing a trip to the United States, where he will visit several American cities. Look at his notes, then write out the dates when he will arrive in each city.

New York	29/9
Boston	10/10
Miami	19/10
Los Angeles	28/10
San Francisco	2/11

1. New York: _____ il ventinove settembre _____

2. Boston: _____

3. Miami: _____

4. Los Angeles: _____

5. San Francisco: _____

F. Vi presentiamo Brenda Baker. Use the information found in the form below to write in Italian about Brenda Baker.

NAME:	Brenda Baker
DATE OF BIRTH:	March 25, 1956
PLACE OF BIRTH:	Seattle, WA
OCCUPATION:	Doctor
PERMANENT RESIDENCE:	Chicago, IL
PHONE NUMBER:	(312) 465-2222

_____ Brenda Baker è nata... _____

_____

_____

_____

_____

_____

G. Traduciamo! Give the Italian equivalent of the following.

1. Happy birthday!

   _____

2. When is your birthday?

   _____

3. She is a dear friend.

   _____

4. Tomorrow is her birthday.

   _____

5. I have to get up early tomorrow.

   _____

6. We phone each other every day.

   _____

7. What's the date today?

   _____

8. I'm leaving for Rome next month.

   _____

9. I leave the house at 7:00 a.m.

   _____

10. When was your grandmother born?

    _____

11. This morning Maria woke up at 7:00 a.m. She got up, washed, dressed, and had breakfast.

    _____

H. Occhio alla parola mancante! Fill in the blanks with the missing words.

1. Gino ha dato _____ anello _____ sua fidanzata.

2. Ieri non mi _____ divertita molto _____ festa. Infatti mi _____ annoiata.

3. Sono andato _____ cinema _____ il fratello _____ Carlo.

4. Chi _____ messo il libro _____ tavola?

5. Ho letto _____ cosa interessante _____ giornale.

6. Ieri è stato _____ compleanno _____ mio amico.

7. Non sono uscito _____ gli amici, sono uscito _____ solo.

8. Questa macchina è _____ zio.

9. Quanti _____ abbiamo oggi?

10. _____ che ora ti _____ alzato?

I. Come si dice... ? In the space provided, list all the additional words and expressions dealing with activities featured in this chapter (giving best wishes, talking about age, talking about work and working, asking for and giving the date, expressing feelings) that you would like to know. With the help of a dictionary and your instructor, find the Italian equivalents.

_____

_____

_____

_____

_____

_____

_____

_____

_____

CAPITOLO

8 BUON COMPLEANNO!

IN LABORATORIO!

Pronuncia: Consonanti singole

A. The consonants represented by **b, d, f, l, m, n, p, r, t,** and **v** are, with a few differences, similar to the corresponding English consonants. But note that, in general, they are pronounced with relatively more force in Italian.

Note also…

- that the so-called "dark" English *l (*as in *dull, will, bill)* does not exist in Italian.
- that /**d**/ and /**t**/ should always be formed by touching the tongue to the upper teeth (not the palate as in English *train, drama*).
- that the Italian /**r**/ is rolled.

B. Repeat each of the following words, imitating the speaker. Then write out each word as the speaker dictates it.

1. vento	**7.** festa
2. temperatura	**8.** medico
3. regali	**9.** mestiere
4. pantofole	**10.** persone
5. negozi	**11.** pezzi
6. mese	**12.** torta

Ascolto

C. Dettato. You will hear a short paragraph. It will be read three times. During the first reading, listen to the whole story. During the second reading, write what you hear. Then, during the third reading, check your work.

_____

_____

_____

_____

_____

_____

_____

D. Paolo, ti sei alzato? Listen carefully to the following conversation between Paolo and his mother. You will hear the conversation twice. As you listen, answer the questions below by checking the appropriate box.

	SÌ	NO
Paolo si è alzato?		
Paolo si è lavato?		
Paolo si è vestito?		
Paolo ha fatto colazione?		

E. Costruiamo delle frasi! Form a complete sentence, using each group of words below. Then repeat the correct answer after the speaker.

> **Esempio:** *You see:* Gianni / alzarsi / sempre / sei
> *You say:* Gianni si alza sempre alle sei.

1. Mario / dormire / troppo
2. io / divertirsi / quando / andare / in / Italia
3. Maria / Claudia / non / parlarsi / più
4. Sandra / dare / pezzo / torta / al / suo / fidanzato
5. miei / genitori / stare / dormendo
6. domani / noi / partire / per / Italia
7. estate / fare / bel / tempo
8. tu / preferire / Coca-Cola / o / aranciata

E. Che cosa sta facendo Pierino? You will hear five sentences. Each will be read twice. Write the number of each sentence in the box beside the picture to which it best corresponds. One of the pictures will not be used.

CAPITOLO 9

QUANTO COSTA?

AL LAVORO!

Tema 1

A. L'abbigliamento. Describe what the people in the following pictures are wearing. Imagine the colors of the clothes and invent the characters' names.

1. <u>La signora Marini porta...</u>

_____

_____

_____

2. _____

_____

_____

3. _____

_____

_____

4. _____

_____

_____

B. Il mio guardaroba. Using full sentences, describe your wardrobe in detail. List clothes that you have, how many you have of each item, what color they are, which ones you prefer, and so on.

_____

_____

_____

_____

_____

C. Bellissimo! Answer the following questions affirmatively, using the suffix **-issimo.**

1. Sono belli, questi vestiti?

_____Sono bellissimi!_____

2. Sei stanco?

_____

3. È grande la tua casa?

_____

4. Sono simpatici i tuoi amici?

_____

5. Sei fortunato, tu?

_____

6. È contenta tua nonna?

_____

7. Sono felici i tuoi genitori?

_____

8. È alto tuo padre?

_____

D. Completiamo le frasi! Complete the following sentences, using the imperfect indicative to describe how things were or used to be in the past.

1. Il mio amico _____

   _____

2. Noi l'anno scorso _____

   _____

3. Voi dove _____

   _____

4. Io _____

   _____

5. I miei zii due anni fa _____

   _____

6. La nostra casa _____

   _____

7. Giorgio da bambino _____

   _____

8. Mia madre da giovane _____

   _____

E. Passato prossimo o imperfetto? All of the following sentences refer to the past. Complete each one, using either the **passato prossimo** or the **imperfetto**.

1. Ieri tu mi _____ proprio mentre io _____ colazione.
              (chiamare)   (fare)

2. Questa mattina io _____ andare dal dottore ma non _____.
                  (dovere)   (uscire)

3. Ieri sera mentre noi _____ la televisione Maria _____.
                 (guardare)   (studiare)

4. Da bambini ogni anno noi _____ in Italia in vacanza *(vacation)*.
                 (andare)

5. L'anno scorso noi _____ in Italia in vacanza.
            (andare)

6. Questa mattina mio fratello _____ molti fumetti.
(leggere)

7. Mio fratello da bambino _____ molti fumetti.
(leggere)

8. Ieri tu _____ telefonare al professore. Perché non _____?
(dovere)   (telefonare)

9. Quando io _____ piccolo mi _____ giocare con gli amici.
(essere)   (piacere)

10. Ieri io _____un film di Tornatore: mi _____ moltissimo.
(vedere)   (piacere)

F. I tuoi gusti. Answer the following questions in complete sentences.

1. Dove compri i tuoi vestiti di solito?

_____

2. Che taglia porti?

_____

3. Qual è il tuo colore preferito?

_____

4. Compri spesso borse o scarpe «made in Italy»?

_____

5. Chi è il tuo «stilista» italiano preferito?

_____

G. Dal singolare al plurale. Complete the following in the singular and in the plural, as in the example.

SINGOLARE			PLURALE
1. _il__	guant _o_	ner _o_	_i guanti neri_
2. _____	camic____	bianc____	_____
3. _____	vestit____	ross____	_____
4. _____	cappell____	verd____	_____
5. _____	gonn____	azzurr____	_____
6. _____	giacc____	marron____	_____

7. _____ scarp____ ner____ _____

8. _____ impermeabil___ blu____ _____

Tema 2

A. Ti piace leggere? Answer in complete sentences the following questions relating to your reading habits and preferences.

1. Qual è il tuo libro preferito?

_____

2. Qual è il libro preferito di tua madre / tuo padre?

_____

3. Ti piace la poesia o preferisci la narrativa?

_____

4. Tu leggi i fumetti?

_____

5. Ti piace leggere libri di fantascienza?

_____

6. Qual è l'ultimo romanzo che hai letto? Ti è piaciuto?

_____

B. Quando avevo dieci anni... Write a brief description of yourself and your life at the age of ten. First describe the *way you were*, physically and psychologically, using adjectives you know. Then describe the things you *used to do* habitually.

_____

_____

_____

_____

_____

_____

_____

_____

_____

_____

_____

_____

_____

_____

_____

_____

Ricapitoliamo!

A. Quanto costa?

I. Write brief exchanges between a customer and a salesclerk about the object in each picture. Be sure to write out the prices in words.

1. _____

   _____

2. _____

3. _____

   _____

4. _____

   _____

II. Comment on each object in Exercise A I above, saying that you like the items, as in the example.

1. _Mi piacciono i pantaloni in vetrina. Sono bellissimi!_ _____

2. _____

3. _____

4. _____

B. Traduciamo! Translate the following sentences.

1. How does this skirt look on me?

_____

2. As a child I never used to eat spinach.

_____

3. Yesterday I was speaking to my lawyer when you called me.

_____

4. Yesterday, while you were sleeping, I was watching television.

_____

5. What beautiful shoes! They really look good on you!

_____

6. As a small child, I used to drink Coca-Cola, but now I no longer do.

_____

7. When we were children, we lived in a big house.

_____

8. As a young woman, my mother used to wear running shoes _(da ginnastica)._

_____

9. What size do you wear, Madam?

_____

10. My sister wants to buy a pair of trousers: they look good on her.

_____

11. As children, my brother and I used to play together a lot.

_____

C. Boutique Alitalia. You are on board an Alitalia flight and wish to buy the articles shown below. Write brief dialogues between you and the flight attendant (**assistente di volo**). Use the information provided with each picture.

1.

Nazareno Gabrielli: borsa tracolla "Linea Tweed" in grigio o color terra

L. 59.000

_____

_____

_____

2.

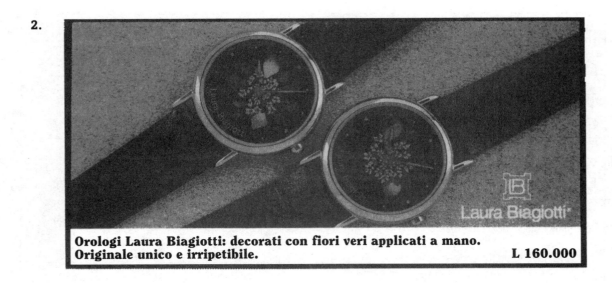

Orologi Laura Biagiotti: decorati con fiori veri applicati a mano. Originale unico e irripetibile.

L 160.000

_____

_____

_____

3.

Ferragamo - Maglietta in lana "Vara".   **L. 105.000**

_____

_____

_____

4.

**Nazareno Gabrielli: cintura in pelle nera
con fibbia regolabile.**   **L. 59.000**

Cravatte in seta Carlo Palazzi   **L. 38.000**

D. Topolino. Read the following cartoon featuring Topolino *(Mickey Mouse)*, Pippo *(Goofy)*, and Minni *(Minnie Mouse)*; then complete the sentences below. Use a dictionary and the help of your instructor to find out the meaning of unfamiliar words.

1. Topolino e Pippo hanno riacquistato il loro solito _____.

2. Minni non è tornata dal suo viaggio ieri; è tornata _____.

3. Il viaggio di Minni è stato _____.

4. Topolino e Pippo danno a Minni un _____.

5. Pippo dice: «Minni, in tua assenza io e Topolino abbiamo giocato a _____.»

E. Giochiamo con la pubblicità.

I. Discuss the following ad with your instructor. Then prepare a similar ad on a separate sheet of paper, advertising one of the last books you read.

Christopher Andrew
Oleg Gordievskij
LA STORIA SEGRETA
DEL KGB

Un colonnello del KGB svela le clamorose operazioni internazionali del servizio di spionaggio più famoso e temuto del mondo. Da Lenin a Gorbaciov, i successi e i fallimenti delle spie venute dal freddo.

II. Carefully read the ad below, trying to guess the meanings of unfamiliar words. Then underline all the prepositions and translate the ad into English in the space provided.

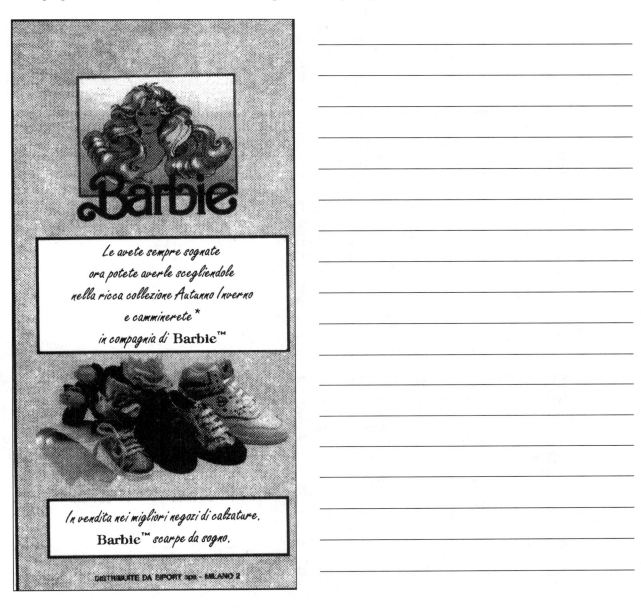

Barbie

Le avete sempre sognate
ora potete averle scegliendole
nella ricca collezione Autunno Inverno
e camminerete *
in compagnia di Barbie™

In vendita nei migliori negozi di calzature.
Barbie™ scarpe da sogno.

DISTRIBUITE DA SIPORT srl - MILANO 2

_____

_____

_____

_____

_____

_____

_____

_____

_____

_____

_____

_____

_____

_____

_____

_____

*camminerete = you will walk

F. Completiamo! In box 1, write the names of all the items that you would find in a clothing store. In box 2, write the names of all the items you would find in a bookstore.

1.

> i guanti

2.

> i dizionari

G. La parola fuori posto. Circle the word that does not belong in each list.

A	B	C	D
la camicia	grigio	aperto	un libro
il cappotto	caffè	visto	un giornale
il golf	azzurro	stare	una rivista
la tavola	verde	venuto	un film

H. Insiemi di parole. Group the words in the box below according to their respective categories.

la maglietta	la nebbia	la rivista	verde
l'anno scorso	la settimana scorsa	il vestito	il libro
due settimane fa	viola	la tempesta	la gonna
il vento	i fumetti	la sciarpa	il temporale
bianco	il mese scorso	rosso	blu

1. __la maglietta__   2. _____   3. _____

    __il vestito__   _____   _____

    _____   _____   _____

    _____   _____

4. _____   5. _____

    _____   _____

    _____   _____

    _____   _____

I. Come si dice... ? In the space provided, list all the additional words and expressions dealing with activities featured in this chapter (carrying out a transaction at a clothing store or at a bookstore, describing past actions that went on regularly or repeatedly) that you would like to know. With the help of a dictionary and your instructor, find the Italian equivalents.

_____

_____

_____

_____

_____

_____

_____

_____

CAPITOLO

9 QUANTO COSTA?

IN LABORATORIO!

Pronuncia: Le consonanti rappresentate da **c, ch, ci, q**

A. As you have learned by now, the hard **/k/** sound in Italian is represented by the following letters:

- **c** before the vowels **a, o, u** and any consonant:

  **cappello, camicetta, canzone
  colore, copia, come
  cucina, cuore
  cravatta, crema, classe**

- **ch** before the vowels **e, i:**

  che, chi, chimica

- **q** in front of **u** in words such as:

  quanto, questo, quale

The corresponding soft sound is represented by the following letters:

- **c** before the vowels **e, i:**

  **celeste, cena, centro
  cintura, città, cinema**

- **ci** before the vowels **a, o, u:**

  ciao, bacio

B. Repeat each of the following words, imitating the speaker. Then write each word as the speaker dictates it.

1. dicembre _____

2. ciao _____

3. aranciata _____

4. cameriere _____

5. semplice _____

6. chiamarsi _____

7. cravatta _____

8. cena _____

9. certo _____

10. amico _____

11. amici _____

12. amiche _____

13. tedeschi _____

14. comincio _____

15. camicia _____

Ascolto

C. Quanto costa? You will hear the speaker ask five questions, each read twice. Answer as in the example, using the cues provided below. Then repeat the answer after the speaker.

> **Esempio:** *You hear:* Quanto costa questa sciarpa?
> *You see:* sciarpa=24,000.
> *You say:* Questa sciarpa costa ventiquattromila lire.

1. camicetta=40.000
2. cappello=68.000
3. scarpe=279.00
4. guanti=65.000
5. vestito=510.000

D. Ti sta bene! You will hear six questions, each asked twice. Answer each question affirmatively, using **mi / ti / gli / le / Le / ce / vi / gli,** as in the example. Then repeat the answer after the speaker.

> **Esempio:** *You hear:* Questa giacca mi sta bene?
> *You say:* Sì, ti sta bene.

(Items 1–6)

E. Sì, è il suo colore preferito. You will hear five questions, each read twice. Answer each question, following the example. Then repeat the answer after the speaker.

> **Esempio:** *You hear:* Questo è il colore preferito di Gabriella?
> *You say:* Sì, è il suo colore preferito.

(Items 1–5)

F. Sì, è bellissimo! You will hear four questions, each asked twice. Answer affirmatively, using the suffix **-issimo**. Then repeat the answer after the speaker.

> **Esempio:** *You hear:* È bello questo vestito?
> *You say:* Sì, è bellissimo.

(Items 1–4)

G. Ti è piaciuto? Each question will be asked twice. Respond by saying that you liked each of the items mentioned. Then repeat the answer after the speaker.

> **Esempio:** *You hear:* Ti è piaciuto il cappotto di Carlo?
> *You say:* Sì, mi è piaciuto il cappotto di Carlo.

(Items 1–5)

H. Dal presente all'imperfetto. You will hear five sentences with a verb in the present tense. Repeat each sentence, using the imperfect. Then repeat the answer after the speaker.

> **Esempio:** *You hear:* Tutti i giorni telefono a mia madre.
> *You say:* Tutti i giorni telefonavo a mia madre.

(Items 1–5)

I. Imperfetto o passato prossimo? Provide the missing verb in each sentence, choosing from the list below. Say the entire sentence aloud. Then repeat the answer after the speaker.

è arrivata	dovevo	siamo andati	leggeva	guardavo

1. Ieri, mentre io _____ la televisione, tu dormivi.

2. Due anni fa io e mio fratello _____ a Roma.

3. Io _____ uscire, ma non sono uscito.

4. Da bambino Marco _____ sempre fumetti.

5. Mentre io mangiavo, _____ Laura.

J. La parola fuori posto. Listen to each list of words and say the word that does not belong in each category. Then repeat the answer after the speaker.

1. cravatta / scarpa / sciarpa / marrone

2. bianco / stivale / rosa / verde

3. bellissima / felicissima / molto / simpaticissima

4. cintura / fotoromanzo / fumetti / romanzo

5. parlavo / ho finito / leggevo / finivo

6. Petrarca / Pirandello / Pavarotti / Moravia

K. Completiamo! Complete each sentence, choosing from the words provided. Say the entire sentence aloud. Then repeat the correct answer after the speaker.

paio	sono costati	viola	grande	guardavo	mi alzavo

1. Due settimane fa ho comprato un bellissimo _____ di scarpe.

2. Questi pantaloni _____ molto.

3. Da bambino _____ la TV tutte le sere.

4. Questi cappotti _____ non mi piacciono.

5. Tu sei un _____ amico!

6. Da bambino la mattina _____ sempre presto.

VORREI UN PO' DI FRUTTA!

CAPITOLO 10

AL LAVORO

Tema 1

A. Cosa ti piace a tavola? Answer the following personal questions regarding your eating and drinking habits.

1. Tu mangi molta frutta?

_____

2. Quale frutta preferisci?

_____

3. Quante volte alla settimana mangi gli spaghetti?

_____

4. Ti piace la verdura?

_____

5. Quali verdure mangi di solito *(usually)*?

_____

6. Bevi molto caffè? O preferisci il tè?

_____

7. Cosa prendi di solito al bar?

_____

8. Cosa mangi o bevi di solito per colazione?

_____

9. Di solito dove fai la spesa: al supermercato, al mercato o nei negozi?

_____

10. Preferisci la carne o il pesce?

_____

B. Vorrei quel pane! You are at a market in Italy and the grocer offers you various food items. Respond negatively, saying that you would like another selection instead. Use the correct form of the adjective **quello**.

SINGULAR	quel, quello, quella, quell'
PLURAL	quei, quegli, quelle

1. Vuole questo pane?

   No, vorrei quel pane!

2. Vuole questi limoni?

   _____

3. Vuole queste fragole?

   _____

4. Vuole questi spinaci?

   _____

5. Vuole questi panini?

   _____

6. Vuole queste patate?

   _____

7. Vuole questa carne?

   _____

8. Vuole quest'uva?

   _____

9. Vuole queste arance?

   _____

10. Vuole questi piselli?

    _____

C. Tutti quei limoni... ! Transform each sentence into the plural, as in the example.

1. Quel limone è maturo.   _Tutti quei limoni sono maturi!_

2. Quella pera è marcia *(rotten)*.   _____

3. Quel fico è acerbo *(unripened)*.   _____

4. Quell'arancia è squisita.

_____

5. Quell'asparago è duro.

_____

6. Quella verdura è fresca.

_____

D. Ieri e oggi. A lot has changed since our grandparents were young. After each statement dealing with what Paolo and his friends probably do today, write what you think Paolo's grandparents *used to* do when *they* were young. Remember to use the imperfect indicative.

1. Paolo e i suoi amici guardano spesso la televisione.

_____ I nonni invece ascoltavano la radio. _____

2. Vanno spesso al cinema.

_____

3. Hanno la macchina.

_____

4. Escono tutte le sere.

_____

5. Mangiano spesso al ristorante.

_____

6. Bevono Coca-Cola.

_____

E. La dolce vita! John is remembering a typical day of his last summer holiday: sleeping in, lazy days at the beach, late nights. Fill in the missing verbs, using the imperfect indicative.

Quest'estate sono andato in vacanza al mare *(at the beach)*. Ogni giorno _____[1] fino a tardi:

_____[2] alle dieci. Poi _____[3], _____[4] e _____[5]

colazione. Mentre _____[6] il caffè, _____[7] il giornale. Poi uscivo per andare al

mare, dove _____[8] tutto il giorno con gli amici. All'una _____[9] un panino e

_____[10] un caffè. La sera non _____[11] mai in casa: _____[12]

tutte le sere! _____[13] al ristorante, al cinema, in discoteca con gli amici e

_____[14] a casa sempre molto tardi. Insomma, facevo la dolce vita!

F. No, grazie... ! Refuse what is being offered to you, saying that you do not like it.

1. Vuole un po' di carne?

   No, graziè. Nom mi piace la carne.

2. Vuole un'arancia?

3. Vuole un po' di pesce?

4. Vuole una banana?

5. Vuole un po' di formaggio?

6. Vuole un pomodoro?

7. Vuole un po' di pane?

8. Vuole una mela?

9. Vuole un po' di prosciutto?

10. Vuole un po' di zucchero?

G. Occhio ai possessivi! Answer each question affirmatively, using the appropriate possessive adjectives.

1. È tua la penna?

   Sì, è la mia penna.

2. È di Silvana il libro?

3. È vostra la macchina?

4. È di Marco la cartella?

_____

5. È di Giovanni e Renata lo stereo?

_____

6. È mio il cappuccino?

_____

7. Sono nostri i dischi?

_____

8. Sono di tuo fratello i libri?

_____

9. È mia l'aranciata?

_____

10. Sono tue le cassette?

_____

H. Occhio ai possessivi! Translate the following short sentences into Italian, paying attention to the rules governing possessive adjectives.

1. It is my car.   È la mia macchina. _____

2. She is my sister.   _____

3. Where are my keys?   _____

4. Where are my parents?   _____

5. It is his book.   _____

6. It is her book.   _____

7. He is our uncle.   _____

8. Is the bicycle yours?   _____

9. Is the watch yours?   _____

10. He is a friend of mine.   _____

11. Where are your friends from? _____

12. When is your birthday? _____

13. Their car is beautiful. _____

14. Their friends are Italian. _____

15. My mom is elegant. _____

16. Your dad is tall. _____

Tema 2

A. Facciamo la spesa! Fill in the blanks with the appropriate partitive (**della, delle, dei,** etc.), as in the example.

COMMESSA: «Vuole ___della___[1] frutta?»

CLIENTE: «Sì. Vorrei _____[2] mele, _____[3] arance, _____[4] uva e _____[5] limoni.»

COMMESSA: «Altro?»

CLIENTE: «Sì, vorrei anche_____[6] verdura, per favore.»

COMMESSA: «Vuole _____[7] spinaci? Sono freschissimi!»

CLIENTE: «No, grazie, non mi piacciono gli spinaci.»

COMMESSA: «Ho_____[8] fagiolini molto buoni... »

CLIENTE: «No... Vorrei _____[9] patate e _____[10] carote. E anche _____[11] pomodori.»

COMMESSA: «Ecco qui il suo scontrino. Arrivederla.»

CLIENTE: «Arrivederla. A domani.»

B. Anche quello! Respond to each statement, using the pronoun **quello**.

quello	quella	quelli	quelle

1. Questo pesce è fresco. _____ Anche quello! _____

2. Questi fagioli sono cari. _____

3. Quest'uva è cara. _____

4. Queste paste sono buone. _____

5. Questo supermercato è lontano. _____

6. Questi spaghetti sono freddi. _____

7. Queste pere sono buonissime. _____

8. Questi piselli sono vecchi. _____

C. Avevo già cenato! Answer each question using the **trapassato prossimo**.

1. Quando ti ho chiamato, tu dovevi ancora fare colazione?

_____*No, avevo già fatto colazione!*_____

2. Quando Gloria è arrivata, tu dovevi ancora cenare?

_____

3. Quando tuo zio è venuto, tu dovevi ancora vedere il telefilm?

_____

4. Quando i tuoi cugini sono arrivati, tu dovevi ancora studiare?

_____

5. Quando ti hanno chiamato, tu dovevi ancora parlare con il professore?

_____

6. Quando è venuta la tua amica, tu dovevi ancora pulire la casa?

_____

7. Quando ti hanno chiamato, tu dovevi ancora scrivere la lettera?

_____

8. Quando sono arrivati gli amici, Giovanni doveva ancora finire i compiti *(homework)*?

_____

9. Quando l'hai conosciuto, tu dovevi ancora sposarti?

_____

10. Quando ti hanno chiamato, dovevi ancora vestirti?

_____

D. Le cose che facevamo in passato. Choosing from the verbs listed below, complete each sentence using the imperfect indicative.

abitare	andare	avere	bere	dire	dormire	essere
giocare	guardare	lavorare	leggere	mangiare	uscire	volere

1. Da bambino Michele _____ ogni giorno con suo fratello.

2. Io da bambino _____ molta Coca-Cola. Adesso non la bevo mai.

3. Da bambina Sandra _____ sempre fame e _____ moltissimo. Ora non mangia niente!

4. Com' _____ tu da bambino: buono o cattivo?

5. Noi cinque anni fa _____ in via Dante. Ora abitiamo in piazza Garibaldi.

6. Quando hai telefonato, il bambino _____: l'hai svegliato!

7. L'anno scorso io _____ sempre il sabato sera. Adesso sto sempre in casa.

8. Mio fratello da bambino non _____ andare a scuola. Adesso va all'università.

9. Mia madre ora lavora in un ristorante. Prima *(Before)* _____ in una libreria.

10. Da bambini loro _____ al mare *(to the sea)* ogni estate.

11. Quando sei andato in Italia, quanti anni _____?

12. Da bambino tu _____ sempre la verità?

13. Ieri mentre Giuseppe _____ i fumetti, Mario

_____ la televisione.

Ricapitoliamo!

A. C'era una volta...

I. Translate each passage into English. Then guess the English title of the story to which each passage refers. Use a dictionary to find the meanings of unfamiliar words.

1. C'era una volta una bella principessa. La madre era morta e lei viveva con la matrigna, che domandava ogni giorno al suo specchio fatato chi era la più bella del reame: «Specchio, mio specchio, chi è la più bella del reame?»...

_____

_____

_____

Title: _____

2. C'era una volta una bella bambina che si chiamava Cappuccetto Rosso. La bambina viveva in una piccola casa nella foresta...

_____

_____

_____

Title: _____

3. C'era una volta un pezzo di legno. «Voglio farne un burattino», pensò un falegname chiamato Geppetto...

_____

_____

_____

Title: _____

4. C'era una volta una ragazza molto buona e molto bella, che viveva con la matrigna e due sorellastre brutte e cattive...

_____

_____

_____

Title: _____

5. C'era una volta un re e una regina. Avevano una bellissima figlia. Quando la bambina nacque *(was born)*, una fata cattiva predisse *(predicted)*: «Quando vostra figlia avrà sedici anni, si pungerà con un fuso e morirà»...

_____

_____

_____

Title: _____

6. C'erano una volta due bambini che abitavano in una casa vicino al bosco. La madre era morta. Il padre s'era sposato con una donna crudele e cattiva...

_____

_____

_____

Title: _____

II. Now match each English story title listed in column A with the corresponding Italian title in column B.

A	**B**
1. Hansel and Gretel	a. Biancaneve e i sette nani
2. Snow White and the Seven Dwarfs	b. Cappuccetto Rosso
3. Cinderella	c. Cenerentola
4. Sleeping Beauty	d. Hansel e Gretel
5. Little Red Riding Hood	e. La bella addormentata nel bosco

B. Al ladro! You have just witnessed a bank robbery. The police arrive at the scene and ask you to provide a detailed description of the robber. Write down in Italian your report for the police, describing the suspect in as much detail as possible, including both physical appearance and clothing.

_____

_____

_____

_____

_____

_____

_____

_____

_____

C. La città misteriosa. Cross out from each line of the puzzle the letters that make up the answer of each blank. The remaining letters will form the name of a well-known Italian city.

1. I used to go = _____ →

2. I used to read = _____ →

3. I used to say = _____ →

4. I used to play = _____ →

5. I used to sleep = _____ →

A	N	V	D	A	E	V	O
N	L	E	G	G	E	V	O
D	I	C	E	E	V	O	Z
G	I	I	O	C	A	V	O
D	O	R	A	M	I	V	O

La città misteriosa : | | | | | | | | |

D. Traduciamo! Translate the following sentences.

1. I like vegetables, but I don't like meat.

_____

2. Mrs. Rossi and her daughters go shopping at a clothing store.

_____

3. Rina bought two white blouses, one blue jacket, three sweaters, and a black belt.

_____

4. Yesterday we got up at 7:30. We washed, got dressed, had breakfast, and went out at 8:30.

_____

5. "When are your friends leaving?" "They have already left."

_____

6. They weren't able to do everything because they were sick.

_____

7. Several students remained, but the ones who had finished the test left.

_____

8. Many of the children were not enjoying themselves.

_____

9. We knew that Mr. Tholen was German. Hadn't anyone told you?

_____

10. Two common proverbs: ——Time is money.   ——Better late than never.

_____

E. Le parole. Write down the names of as many items as you can remember that are sold in each of these three stores:

1. <u>i vestiti</u>   _____

   <u>gli impermeabili</u>   _____

   _____   _____

   _____   _____

   _____   _____

2. <u>le mele</u> _____ _____

    <u>le pere</u> _____ _____

_____ _____

3. _____ _____

_____ _____

_____ _____

F. Come si dice... ? In the space provided, list any additional words and expressions dealing with the activities featured in this chapter (carrying out a transaction at a food store, indicating quantity, talking about food, using proverbial language, etc.) that you would like to know. With the help of a dictionary and your instructor, find the Italian equivalents.

_____

_____

_____

_____

_____

_____

10 VORREI UN PO' DI FRUTTA!

IN LABORATORIO!

Pronuncia: I suoni rappresentati da **g, gh, gi**

A. The hard **/g/** sound in Italian is represented by the following letters:

- **g** before the vowels **a**, **o**, or **u** and before any consonant:

  gatto, gonna, guanto, grande

- **gh** before the vowels **e** or **i**:

  spaghetti, lunghi

B. The corresponding soft sound is represented by the following letters:

- **g** before the vowels **e** or **i**:

  generoso, giro

- **gi** before the vowels **a**, **o**, or **u**:

  giacca, giocare, giugno

C. Repeat each of the following sentences, imitating the speaker. Then write out each sentence as the speaker dictates it.

1. Vorrei una granita di caffè. _____

2. Ho comprato due gonne lunghe. _____

3. Ho mangiato il gelato al cioccolato. _____

4. Che giorno è? _____

5. Lui è generoso. _____

6. Hai letto il giornale? _____

7. Non mi piacciono i romanzi gialli. _____

8. Lui porta sempre una giacca grigia. _____

9. E lei porta sempre i guanti grigi. _____

Ascolto

D. Sì, un po' di formaggio, per piacere! You will hear five questions, each asked twice. Respond to each question, as in the example. Then repeat the answer after the speaker.

> **Esempio:** *You hear:* Formaggio?
> *You say:* Sì, un po' di formaggio, per piacere.

(Items 1–5)

E. No, vorrei quelle scarpe. You are at a clothing store, and the salesperson asks if you would like various articles of clothing. Each question will be asked twice. Answer negatively, as in the example. Then repeat the answer after the speaker.

> **Esempio:** *You hear:* Vuole queste scarpe?
> *You say:* No, vorrei quelle scarpe.

(Items 1–5)

F. Quale preferisci? Answer each question using the appropriate form of the pronoun **quello**. Each question will be asked twice. Then repeat the answer after the speaker.

> **Esempio:** *You hear:* Quale vestito preferisci?
> *You say:* Preferisco quello.

(Items 1–5)

G. Vorrei delle mele, per piacere. Ask for the fruit or vegetable named, as in the example. Then repeat the answer after the speaker.

> **Esempio:** *You hear:* mele
> *You say:* Vorrei delle mele, per piacere.

(Items 1–5)

H. Al negozio di alimentari. Mrs. Biagi is in a grocery store buying some fruits and vegetables. Listen to her conversation with the store clerk and write down what she orders. You will hear the conversation twice.

FRUTTA   **VERDURA**

_____   _____

_____   _____

_____   _____

I. Facciamo delle spese! You will hear four short dialogues taking place at various establishments. Identify where they take place by writing the number of the dialogue next to the corresponding location. Each dialogue will be heard twice.

Dialogo n. _____: in libreria

Dialogo n. _____: nel negozio di alimentari

Dialogo n. _____: allo snack bar

Dialogo n. _____: nel negozio di abbigliamento

J. Oggi e ieri. You will hear the speaker read a passage three times. During the first reading, listen to the whole passage. During the second reading, write what you hear. Then, during the third reading, check your work.

_____

_____

_____

Now read the passage, changing **oggi** to **ieri**, and making the necessary verb changes. Then repeat it after the speaker, line for line.

CAPITOLO

11 C'È UN NUOVO PROGRAMMA!

AL LAVORO!

Tema 1

A. Il mio programma preferito. Write a short paragraph about your favorite TV show, explaining why you like it, who your favorite character is, when you watch it, with whom, etc.

_____

_____

_____

_____

_____

_____

_____

_____

B. Occhio al futuro! Rewrite the following sentences in the future tense, as in the example.

1. Ora mangiamo una pizza e prendiamo un caffè.

Stasera _mangeremo una pizza e prenderemo un caffè._

2. Adesso guardo il telegiornale.

Più tardi *(Later)* _____

3. Oggi non studio: scrivo delle lettere.

Domani _____

4. Oggi non finiamo i lavori: piove.

Domani _____

5. L'anno prossimo Roberto e Pina si sposano.

L'anno prossimo _____

6. Quest'anno Luigi si laurea.

Fra due anni _____

C. Lo scriverò dopo! Answer each question, using the future tense and the direct-object pronoun, as in the example.

1. Non scrivi la lettera?

Adesso no. La scriverò dopo. _____

2. Non finisci le lezioni?

_____

3. Non studi l'italiano?

_____

4. Non leggi i fumetti?

_____

5. Non ascolti i dischi?

_____

6. Non guardi il film?

_____

D. I miei progetti per il futuro. Using the future tense, write down five things you intend to do in the future. Use expressions such as **domani**, **la settimana prossima**, **il mese prossimo**, **l'anno prossimo**.

1. _____

2. _____

3. _____

4. _____

5. _____

E. Pronomi, pronomi, pronomi...   Answer affirmatively, using the direct-object pronoun.

1. Prendi questo vestito?

   Sì, lo prendo! _____

2. Volete lo stereo?

   _____

3. Compri questi pantaloni?

   _____

4. Leggi sempre il giornale?

   _____

5. Ascoltate sempre la radio?

   _____

6. Conosci Gianni?

   _____

7. Conoscete la professoressa?

   _____

8. Vuoi quelle scarpe?

   _____

F. Il pronome giusto.   Fill in the blanks with the correct direct-object pronoun, as in the example, choosing from the box below. (Not all pronouns will be used.)

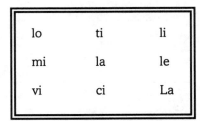

lo	ti	li
mi	la	le
vi	ci	La

1. Ragazzi, voi non ___*ci*___ venite mai a trovare: vogliamo vedervi.

2. «Posso vedere quei pantaloni?»

   «Certo che può veder_____.»

3. Non _____ conosco. Chi siete voi?

4. Signorina, _____ chiamo domani.

5. Non _____ conosco. Chi sei tu?

6. «Posso vedere quella camicia?»

«Certo che può veder_____.»

7. «Roberto, posso chiamar_____ stasera?»

«Certo che puoi chiamar_____.»

8. «Hai comprato le riviste?»

«No, _____ compro domani.»

G. Io, di caffè, ne bevo molto! Answer each question affirmatively, using the pronoun **ne.** Pay attention to the ending of **molto.**

1. Bevi molto caffè?

Sì, ne bevo molto.

2. Mangi molta frutta?

_____

3. Leggi molti gialli?

_____

4. Vedi molti film alla TV?

_____

5. Scrivi molte lettere?

_____

6. Conosci molti italiani?

_____

H. Ne voglio due! Answer affirmatively, using the pronoun **ne**.

1. Vuole due pizze?

Sì, ne voglio due.

2. Vuole un po' di verdura?

_____

3. Vuole quattro tramezzini?

_____

4. Vuole tre biglietti *(tickets)*?

_____

5. Vuole un po' di zucchero?

_____

6. Vuole due aspirine?

_____

Tema 2

A. È tutto il contrario! Answer the following questions, using an opposite adjective.

1. È bella quell'attrice?   No, è brutta. _____

2. È aperta la finestra?   _____

3. È vecchio il professore?   _____

4. È nuova la tua giacca?   _____

5. Sono buone queste mele?   _____

6. Sono simpatici quei ragazzi?   _____

7. È interessante quel film?   _____

B. La mia famiglia. In the blanks below, write the names of the family members listed. Then give the physical, personal, and social characteristics of each person. Or, if you prefer, name and describe a family member of your choice.

1. Mio padre / Mia madre: _____

_____

_____

_____

_____

_____

_____

2. Mio zio / Mia zia: _____

_____

_____

_____

_____

_____

3. Mio cugino / Mia cugina: _____

_____

_____

_____

_____

_____

C. I miei amici. Write a brief description of one of your friends, including his/her physical and psychological characteristics, using adjectives you have learned so far. Begin with a general description, including age, profession, habits.

_____

_____

_____

_____

_____

D. Occhio al femminile! Fill in the first column of blanks with the appropriate definite article. Then write down the feminine form of each noun, as in the example.

1. ____il____   padre   _la madre_____

2. _____   zio   _____

3. _____   nonno   _____

4. _____	fratello	_____
5. _____	signore	_____
6. _____	studente	_____
7. _____	professore	_____
8. _____	attore	_____
9. _____	pittore	_____
10. _____	commesso	_____
11. _____	dottore	_____
12. _____	avvocato	_____

E. L'ho comprato ieri! Supply the missing direct-object pronoun, making the necessary agreement.

1. «Che bel cappotto!»

   «Ti piace? È nuovo: ___l'___ ho comprat__o__ ieri.»

2. «Che bei guanti!»

   «Ti piacciono? Sono nuovi: _____ ho comprat_____ ieri.»

3. «Che bella cintura!»

   «Ti piace? È nuova: _____ ho comprat_____ ieri.»

4. «Che bell'orologio!»

   «Ti piace? È nuovo: _____ ho comprat_____ ieri.»

5. «Che belle cravatte!»

   «Ti piacciono? Sono nuove: _____ ho comprat_____ ieri.»

6. «Che bei pantaloncini!»

   «Ti piacciono? Sono nuovi: _____ ho comprat_____ ieri.»

7. «Che bella camicia!»

   «Ti piace? È nuova: _____ ho comprat_____ ieri.»

8. «Che bel cappello!»

   «Ti piace? È nuovo: _____ ho comprat_____ ieri.»

F. Ancora pronomi. Answer the following questions as you wish, using the direct-object pronoun.

1. Quando hai visto quel film?

L'ho visto ieri / la settimana scorsa.

2. A che ora hai finito i compiti?

_____

3. Dove hai incontrato Roberto?

_____

4. Dove hai messo le camicette?

_____

5. Dove hai comprato le riviste?

_____

G. L'ho già fatto! Answer the following questions, using the direct-object pronoun and **già,** as in the example.

1. Non pulisci la casa?

L'ho già pulita.

2. Non prendi il caffè?

_____

3. Non fai colazione?

_____

4. Non leggi il romanzo?

_____

5. Non compri i libri?

_____

6. Non vai a vedere quel film?

_____

7. Non finisci le lezioni?

_____

H. Ne ho comprata una! Answer each question using the pronoun **ne**. Refer to the number indicated in parentheses.

1. Quante cravatte hai comprato? (1)

   Ne ho comprata una. _____

2. Quanti panini hai comprato? (12)

   _____

3. Quante pizze hai ordinato *(ordered)*? (10)

   _____

4. Quanti cornetti hai mangiato? (2)

   _____

5. Quanti caffè hai bevuto oggi? (6)

   _____

6. Quanti film hai visto? (4)

   _____

7. Quante interviste hai fatto? (5)

   _____

8. Quante cassette hai ascoltato? (1)

   _____

I. Occhio alla quantità! Use as many of the following expressions of quantity as possible, with the appropriate endings, to form complete sentences.

del/dei	molt__	alcun__	poc__	tant__	tropp__	qualche

1. Ho comprato _____ *del...* _____ formaggio.

2. Ho comprato _____ pomodori.

3. Ho comprato _____ carne.

4. Ho comprato _____ giornali.

5. Ho comprato _____ riviste.

J. Non ho nessun amico! Answer each question negatively, using the appropriate form of **nessuno**.

1. Tu hai degli amici in Italia?

   No, non ho nessun amico in Italia.

2. Hai dei giornali francesi?

   _____

3. Tu conosci qualche ragazza italiana?

   _____

4. Hai dei parenti in Europa?

   _____

5. Hai degli zii a Roma?

   _____

6. Hai qualche rivista italiana?

   _____

Ricapitoliamo!

A. Traduciamo! Translate the following sentences.

1. My watch doesn't work.

   _____

2. John works in a grocery store.

   _____

3. In a week he will be going to Florence.

   _____

4. I will come tonight. Marco and Maria, instead, will be coming tomorrow.

   _____

5. I will give you the books next week.

   _____

6. Do you want some fruit?

   _____

7. Roberto bought some pens and a few books.

_____

8. "Are you buying any meat?"
"No, I'm not buying any."

_____

_____

9. "How much does it cost?"
"It doesn't cost too much."

_____

_____

10. We have been studying Italian since September.

_____

11. When they arrive, we will call you.

_____

12. Marianne has been living in Milan since 1982.

_____

B. Oggi in televisione.

Below is a program listing for Canale 5. Following the example, choose three programs and write in the space provided, using full sentences, (1) the name of the program; (2) what kind of program it is; and (3) the time it begins and ends.

Esempio: *Oggi c'è «General Hospital».*
È un teleromanzo.
Inizierà alle nove e trenta.
Terminerà alle dieci e trenta.

8,30	**Una famiglia americana** Telefilm. «Problemi di cuore».
9,30	**General Hospital** Teleromanzo.
10,30	**Cantando cantando** Gioco musicale condotto da Gino Rivieccio con la partecipazione de «I Robot».
11,15	**Tuffinfamiglia** Gioco a quiz condotto da Lino Toffolo. Regia di Enzo Negro.
12,00	**Bis** Gioco a quiz condotto da Mike Bongiorno. Regia di Annarosa Gavazzi.
12,35	**Il pranzo è servito** Gioco a quiz condotto da Corrado. Regia di Stefano Vicario.
13,30	**Cari genitori** Gioc a quiz condotto da Enrica Bonaccorti.
14,15	**Gioco delle coppie** Gioco condotto da Marco Predolin.
15,00	**Agenzia matrimoniale** Gioco condotto da Marta Flavi.
15,30	**La casa nella prateria** Telefilm.
16,30	**Webster** Telefilm. «Sorpresa!».
17,00	**Doppio Slalom** Gioco per ragazzi condotto da Corrado Tedeschi. Regia di Roberta Bellini.
17,30	**C'est la vie.** Gioco a quiz condotto da Umberto Smaila. Regia di Roberta Bellini.
18,00	**OK il prezzo è giusto!** Gioco a quiz condotto da Iva Zanicchi. Regia di Silvio Ferri.
19,00	**Il gioco dei 9** Gioco a quiz condotto da Raimondo Vianello.
19,45	**Tra moglie e marito** Gioco condotto da Marco Columbro. Regia di Roberto Meneghin.
20,25	**Radio Londra** Con Giuliano Ferrara.
20.30	**TeleMike** Gioco a quiz condotto da Mike Bongiorno. Con la partecipazione di Andrea Dotti. Regia di Mario Bianchi.
23,05	**Maurizio Costanzo Show** Conduce Maurizio Costanzo con la partecipazione di Franco Bracardi.
0,35	**Première** I trailers della settimana.
0,45	**Baretta** Telefilm. «L'azione».
1,45	**Mannix** Telefilm.
2,45	**Masquerade** Telefilm.

1. _____

_____

_____

_____

2. _____

_____

_____

_____

3. _____

_____

_____

_____

C. La televisione. Indicate the following information for each of the television programs shown below:

a. its name in English
b. whether or not you watch it
c. whether or not you like it
d. at what time it is aired on Italian television
e. on what channel it is aired: Raiuno, Raidue, Raitre, Canale 5, Italia 1, etc.

1.

OK IL PREZZO È GIUSTO

Ultimi appuntamenti con il programma di Iva Zanicchi che, dal 28 giugno, proseguirà in versione settimanale ogni mercoledì sera. Tra i premi di oggi: una barca, un viaggio in Sardegna e una pelliccia. Sopra, Fabiola Rizzi.

Esempio:

a. _"The Price is Right"_

b. _Lo guardo sempre. / Non lo guardo mai._

c. _Mi piace molto. / Non mi piace._

d. _Inizia alle sei._

e. _È sul Canale 5._

2.

La signora in Giallo

Viaggio col morto. Jessica Fletcher è invitata a ricevere un premio speciale da un'associazione di sceriffi. Sull'autobus che la conduce a Boston per la cerimonia sale anche un ex detenuto, accusato a suo tempo di aver preso parte a una rapina. Durante il viaggio, l'uomo viene trovato morto e l'assassino si nasconde certamente tra i passeggeri. Indagando, Jessica scopre che ognuno di loro aveva un più che valido motivo per volerlo morto.

Nella foto, Angela Lansbury.

a. _____

b. _____

c. _____

d. _____

e. _____

3.

LA RUOTA DELLA FORTUNA

Ultimo appuntamento per questa stagione con il gioco a quiz condotto da Mike Bongiorno, affiancato da Ylenia Carrisi (18 anni, nella foto). Si sfidano oggi: Paride Raspadori e Angela G. Mammaro.

a. _____

b. _____

c. _____

d. _____

e. _____

D. «Love Boat» made in Italy.

I. The following newspaper clipping announces a program that will soon be aired on Italian television. Read it carefully and try to guess the meaning of any unfamiliar words. Then answer the questions based on the reading.

> L'America ha la «nave dell'amore» e l'Italia avrà la «nave pazza».
> Anche noi presto avremo una «Love Boat» made in Italy. Infatti fra
> qualche mese sui nostri schermi televisivi vedremo la versione
> italiana del famoso serial americano: si chiamerà «Crazy Boat». Il
> serial, diretto da Romolo Siena, andrà in onda a settembre e avrà
> tra gli attori Gilles Novak, Maura Maggi, Ivana Monti e Paolo
> Panelli. Le riprese cominceranno tra pochi giorni negli studi televi-
> sivi della Rai.

1. When will this serial appear on Italian television?

_____

2. What will the name of this new program be?

_____

3. Who is directing the Italian serial?

_____

4. Who are some of the actors and actresses starring in the show?

_____

5. Where will the filming of the show take place?

_____

II. Give the English equivalent of the following words and expressions.

1. nave _____

2. amore _____

3. pazzo _____

4. schermo televisivo _____

5. andare in onda _____

6. la ripresa (di un film) _____

III. Invent a new television program to be aired soon, such as a game show, soap opera, comedy, or detective series. Create an advertisement for the show, using the future tense.

_____

_____

_____

_____

_____

_____

_____

_____

_____

_____

E. I contrari. In column B, write the opposite of each word in column A.

A	B
1. bello	brutto
2. cattivo	
3. grasso	
4. povero	
5. simpatico	
6. basso	
7. chiuso	
8. triste	
9. nuovo	
10. avaro	

F. Insiemi di parole. Group the words in the list below according to their respective categories.

il film ✓   est   il telegiornale
l'attore ✓   il telequiz   Buona fortuna!
nord ✓   cattivo   il pittore
tanti ✓   lo scultore   qualche
buono ✓   sud   Buon divertimento!
Buon viaggio! ✓   bello   alcuni

1. ___il film___

_____

2. ___l'attore___

_____

3. ___nord___

_____

4. ___tanti___

_____

5. ___buono___

_____

6. ___Buon viaggio!___

_____

G. Come si dice... ? In the space provided, list all the additional words and expressions dealing with activities featured in this chapter (talking about TV programs, using expressions of quantity, or speaking of actions that have been going on for a while) that you would like to know. With the help of a dictionary and your instructor, find the Italian equivalents.

_____

_____

_____

_____

_____

_____

_____

CAPITOLO

11 C'È UN NUOVO PROGRAMMA!

IN LABORATORIO!

Pronuncia: I suoni rappresentati da **gl, gli, gn**

A. As you have certainly discovered by now, the sequence of letters **gli** stands for a sound that is similar to the sound represented by *lli* in the English word *million*:

figlia, luglio, taglia

However, the sequence **gl** can also stand for /**g**/ + /**l**/ in some words:

globo *(globe)*, **gloria** *(glory)*

You will also have discovered that the sequence **gn** stands for a sound that is similar to the *ny* sound in the English word *canyon*:

giugno, signora

B. Repeat each of the following sentences, imitating the speaker. Then write each sentence as the speaker dictates it.

1. Ecco gli gnocchi. _____

2. Voglio le lasagne. _____

3. Sono nata a luglio. _____

4. A me non piacciono le tagliatelle. _____

_____

5. Domani arriveranno gli amici dalla Spagna. _____

_____

6. La figlia e il figlio di mio zio sono ingegneri. _____

_____

Ascolto

C. Dettato. You will hear several sentences. Each will be read three times. During the first reading, listen. During the second reading, write what you hear. Then, during the third reading, check your work.

_____

_____

_____

_____

_____

_____

D. Occhio ai pronomi! You will hear five questions, each asked twice. Answer affirmatively, using the direct-object pronoun. Then repeat the answer after the speaker.

>   **Esempio:** *You hear:* Prendi questo libro?
>   *You say:* Sì, lo prendo.

(Items 1–5)

E. Sì, l'ho comprato. You will hear five questions, each asked twice. Answer affirmatively, using the direct-object pronoun. Then repeat the answer after the speaker.

>   **Esempio:** *You hear:* Hai comprato il libro di Eco?
>   *You say:* Sì, l'ho comprato.

(Items 1–5)

F. I contrari. You will hear the speaker say a word. Match that word with its opposite, choosing from the list below.

>   **Esempio:** *You hear:* felice
>   *You say:* infelice

noioso
cattivo
poco
meridionale
bello
antipatico
terminare
infelice
est

G. Occhio al futuro! You will hear five questions, each asked twice. Answer negatively, as in the example. Then repeat the answer after the speaker.

>   **Esempio:** *You hear:* Gianni parte oggi?
>   *You say:* No, partirà domani.

(Items 1–5)

H. Si dice «programma»! Say the Italian equivalent of each English word given, as in the example.

>   **Esempio:** *You hear:* program
>   *You say:* il programma

(Items 1–5)

I. Ci vuole... ci vogliono... ! You will hear five questions. Answer each question affirmatively, using the time frame suggested and the appropriate form of the expression **volerci**.

      Esempio: *You hear:* Quanto tempo ci vuole per andare da New York a Londra?
                              Sei ore?
              You say: Sì, ci vogliono sei ore per andare da New York a Londra.

(Items 1–5)

J. Ne voglio due! You will hear five questions, each asked twice. Answer affirmatively, using the pronoun **ne,** as in the example. Then repeat the answer after the speaker.

      Esempio: *You hear:* Vuoi due pizze?
              You say: Sì, ne voglio due.

(Items 1–5)

K. Sì, ne ho comprati due. You will hear five questions, each asked twice. Answer affirmatively, using the pronoun **ne,** as in the example. Then repeat the answer after the speaker.

      Esempio: *You hear:* Hai comprato due libri?
              You say: Sì, ne ho comprati due.

(Items 1–5)

L. Non ho nessun amico italiano! You will hear five questions. Answer each question negatively, using the appropriate form of **nessuno**. Then repeat the answer after the speaker.

      Esempio: *You hear:* Hai delle riviste italiane?
              You say: No, non ho nessuna rivista italiana.

(Items 1–5)

M. Completiamo! Complete each sentence, choosing from the words listed below. Say the entire sentence aloud. Then repeat the answer after the speaker.

occhio	alcuni	divertimento	funziona	qualche	prossimo

1. Il mio orologio non _____.

2. L'anno _____ andrò in Italia.

3. Quel libro è costato un _____ della testa!

4. Conosci _____ ragazzo italiano?

5. Ho comprato _____ giornali.

6. Buon _____, ragazzi!

N. Occhio alla preposizione! Complete each sentence, choosing from the prepositions listed below. Say the entire sentence. Then repeat the answer after the speaker.

da	d'	dal	fra	a

1. Abito a Roma _____ 1986.

2. Partiremo _____ due ore.

3. Ho comprato un po' _____ uva.

4. Studio l'italiano _____ settembre.

5. Studierò fino _____ mezzanotte.

O. Signore e signori, buonasera. You will hear a voice announcing the television programs for the evening. The announcement will be read twice. Listen carefully and take notes in the space provided.

_____

_____

_____

_____

_____

Now answer each question with a complete sentence. Then repeat the answer after the speaker.

(Items 1–4)

P. Il telegiornale. Listen carefully to a television newscaster summarizing the important events of the day. Then, during the second reading, indicate in the space provided whether each statement below is **vero** or **falso**.

	VERO	FALSO
1. Il telegiornale sta per cominciare.	_____	_____
2. L'annunciatrice ripete i titoli principali.	_____	_____
3. Il presidente americano William Clinton va in Italia.	_____	_____
4. Sarah Ferguson va negli Stati Uniti.	_____	_____
5. La lira diminuisce rispetto al dollaro americano.	_____	_____
6. Nelle regioni meridionali fa bel tempo.	_____	_____
7. Dopo il telegiornale ci sarà lo sport.	_____	_____

CAPITOLO

12 DI CHE SEGNO È?

AL LAVORO!

Tema 1

A. Occhio al futuro! Rewrite the following sentences in the future tense, as in the example.

1. Oggi vado all'università e la mia amica Paola viene con me.

   Domani _____andrò all'università e la mia amica Paola verrà con me._____

2. Stasera non esco: sto a casa e mi faccio un bel bagno.

   Domani mattina _____

3. Adesso c'è un bel programma alla televisione. Vieni a vederlo da me?

   Più tardi *(Later)* _____

4. Ora andiamo al bar e vediamo i nostri amici.

   Domani sera _____

5. Questa settimana non posso venire con te perché devo lavorare.

   La settimana prossima _____

6. Quest'estate vai in vacanza o rimani a casa?

   L'estate prossima _____

7. Stasera se posso, vengo con te al cinema.

   Domani _____

8. Ora ci sono due telefilm interessanti alla televisione.

   Stasera _____

B. Da quanto tempo? Answer the following questions in the present tense.

1. Da quanto tempo studi l'italiano?

   _____

2. Da quanto tempo abiti in questa città?

_____

3. Da quanto tempo frequenti questa università?

_____

4. Lavori? Da quanto tempo lavori?

_____

5. Sei fidanzato/a (sposato/a)? Da quanto tempo?

_____

6. Hai la macchina? Da quanto tempo?

_____

C. Vado dal dottore! Answer each question affirmatively using **da**, as in the example.

1. Vai a casa del dottor Rossi?   _Sì, vado dal dottor Rossi._____

2. Vai a casa di tua nonna?   _____

3. Vai a casa di Maria?   _____

4. Vai a casa di un tuo amico?   _____

5. Vai a casa del signor Mattei?   _____

6. Vai a casa della signora Marini?   _____

7. Vai a casa della tua amica?   _____

8. Vai a casa di tuo zio Mario?   _____

9. Vai a casa dei tuoi cugini?   _____

10. Vai a casa di Gianni?   _____

D. Occhio al pronome oggetto indiretto! Answer each question affirmatively, using the third-person indirect object, as in the example.

gli = a lui	**le** = a lei	**gli** = a loro

1. Tu telefoni ogni giorno a Maria?

_Sì, le telefono ogni giorno._____

2. Voi scrivete spesso a Carlo?

_____

3. Tu parli qualche volta al professore?

_____

4. Voi telefonate oggi alla signorina Rossi?

_____

5. Hai detto tutto ai tuoi genitori?

_____

6. Tu scrivevi ogni settimana a tuo fratello?

_____

7. Piero dà un bacio alla sua ragazza?

_____

8. Tua sorella dà un libro alla professoressa?

_____

9. Voi dite sempre la verità a vostro padre?

_____

10. Marcella ha già scritto ai suoi amici?

_____

E. Continuiamo con il pronome oggetto indiretto! Complete each minidialogue with the missing indirect-object pronoun.

mi	ti / Le	gli / le	ci	vi	gli

1. «Gino, ____ti____ piace la pizza?»

«Sì, ____mi____ piace molto.»

2. «Signorina, _____ piace la frutta?»

«No, non _____ piace molto.»

3. «Ragazzi, _____ piace la pasta?»

«Sì, _____ piace.»

4. «Non sto bene... »

«Signora, _____ conviene andare dal dottore.»

5. «Voglio sposarmi adesso... »

«Non _____ conviene: sei ancora troppo giovane.»

6. «Gino, a che ora mi telefoni?»

«_____ telefono alle otto, Mario.»

7. «Signor Barilli, a che ora mi telefona?»

«_____ telefono alle nove, signora.»

8. «Mi scriverai spesso, Giulietta?»

«_____ scriverò tutti i giorni, Romeo!»

9. «_____ devo dire tutta la verità, mamma?»

«Sì, _____ devi dire tutto.»

10. *(in un negozio)* «Vorrei un po' di verdura... »

«Cosa _____ devo dare, signora?»

F. Le telefono domani. Answer the following questions freely, using the indirect object pronoun, as in the example.

1. Quando telefoni a Laura?

Le telefono domani. / Le ho telefonato ieri.

2. Hai già parlato ai tuoi genitori?

_____

3. Cosa compri a Giancarlo per Natale?

_____

4. Quando hai scritto a Giovanni?

_____

5. Cosa hai detto a tua madre?

_____

6. A che ora mi hai telefonato?

_____

7. Cosa ti piaceva fare da bambino?

_____

8. Cosa hai chiesto a Manuela?

_____

G. Oggetto diretto o indiretto? Answer each question using the appropriate direct- or indirect-object pronoun.

1. «Conoscete quelle ragazze?»

«Sì, ____le____ conosciamo.»

2. «Avete visto i miei genitori?»

«No, non _____ abbiamo visti.»

3. «Marco, hai telefonato a Stefania?»

«Sì, _____ ho telefonato.»

4. «Teresa, hai scritto ai nonni?»

«Sì, _____ ho scritto ieri.»

5. «Professore, ha letto questo libro?»

«Sì, _____ ho letto.»

6. «Signorina, Le è piaciuto il film?»

«Sì, _____ è piaciuto.»

H. Occhio alla preposizione! Complete with the appropriate prepositions.

1. Domani io andrò ____dal____ medico perché non sto bene.

2. Stefano decide _____ andare _____ chiromante.

3. Io _____ giovane andavo spesso _____ cinema.

4. Giovanni è andato _____ trattoria e poi è tornato _____ casa.

5. Marta è uscita, è andata _____ supermercato.

6. In questo negozio vendono vestiti _____ donne e camicie _____ uomo.

7. Mio zio dà _____ tu _____ professore perché è un suo amico.

8. A che ora vai _____ scuola?

9. _____ nove vado _____ lezione d'italiano. Poi vado _____ biblioteca a studiare.

10. Io ho dato un bell'orologio _____ polso _____ Luigi _____ il suo compleanno.

11. Pierino vuole molto bene _____ suoi amici.

12. Abito _____ Roma _____ 1972.

13. Non partiremo _____ due ore.

14. Sono stanca! Ho studiato _____ otto ore!

15. Noi studiamo l'italiano _____ due mesi.

16. Io e Marco siamo amici _____ anni!

Tema 2 (Talking about Horoscopes)

A. Occhio al pronome! Answer the following questions, attaching the pronoun to the infinitive, as in the example.

1. Vuoi comprare questo vestito?

   Sì, *voglio comprarlo.* _____

2. Devo finire il lavoro?

   Sì, _____

3. Vuoi telefonare a Maria?

   Sì, _____

4. Devi ordinare due pizze?

   Sì, _____ due.

5. Dovete scrivere agli zii?

   Sì, _____

6. Puoi spedire questi pacchi?

   Sì, _____

B. Occhio al futuro di probabilità. Answer the following questions freely using the future tense, as in the examples.

1. Quanto costa quell'orologio?

   Non lo so. Costerà cento dollari. _____

2. Chi è quel professore?

   Non lo so. Sarà il professore d'italiano. _____

3. Dove è andato Giovanni?

   _____

4. Quando è partito l'aereo?

   _____

5. Quanto costano quelle scarpe?

   _____

6. Che ore sono?

   _____

7. Quanti anni ha Bill Clinton?

   _____

8. Quanto tempo ci vuole per andare da New York a Boston in macchina?

   _____

C. Ripassiamo il plurale! Fill in each blank in the first column with the appropriate definite article. Then write the plural form of each noun.

1. __l'__ entrata   *le entrate* _____

2. _____ radio   _____

3. _____ telegramma   _____

4. _____ medico   _____

5. _____ stagione   _____

6. _____ paio   _____

7. _____ programma   _____

8. _____ stivale   _____

9. _____ prezzo   _____

10. _____ impermeabile _____

11. _____ crisi   _____

12. _____ poesia   _____

13. _____	trasmissione	_____
14. _____	pomeriggio	_____
15. _____	episodio	_____
16. _____	ipotesi	_____
17. _____	artista	_____
18. _____	psicanalista	_____

D. Le professioni. Draw arrows to match each description in column A with the corresponding noun in column B.

A

1. Lavora in un bar.
2. Medico che cura i denti.
3. Pensa solo a se stesso.
4. Compone *(Composes)* musica.
5. Suona il pianoforte.
6. Pensa sempre al bene degli altri.

B

a. musicista
b. barista
c. pianista
d. altruista
e. egoista
f. dentista

E. Occhio al verbo *piacere.* Answer the following questions affirmatively using the verb **piacere,** as in the example.

1. A tuo padre piace il vino?

   Sì, gli piace. _____

2. Sandro, ti è piaciuto il film?

   _____

3. Mirella, da bambina, ti piacevano i fumetti?

   _____

4. Signora, Le sono piaciute le fotografie?

   _____

5. Ai tuoi genitori è piaciuto il viaggio?

   _____

6. A tua sorella sono piaciuti i regali?

_____

7. Signor Rossi, Le piace l'opera?

_____

8. Agli studenti piace studiare l'italiano?

_____

Ricapitoliamo!

A. L'oroscopo. Read the following weekly horoscope, paying special attention to your own sign. Then answer the questions. Use a dictionary to find words you do not know.

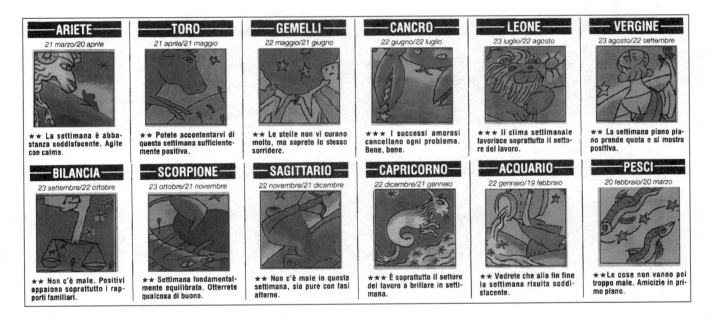

I. List the verbs in future tense used in the horoscope. _____

II. What does your horoscope predict? Will it be a good week?

_____

III. Based on reading the weekly horoscope, circle the correct letter to complete the following predictions.

1. Per i nati sotto il segno dell'Ariete, la settimana sarà
   a. negativa.   b. abbastanza soddisfacente.

2. I nati sotto il segno del Toro avranno una settimana
   a. positiva.   b. negativa.

3. Le stelle non saranno molto favorevoli ai nati sotto il segno
   a. del Cancro.   b. dei Gemelli.

4. Il settore del lavoro brillerà per i nati sotto il segno
   a. del Leone.   b. del Capricornio.

5. I rapporti familiari saranno positivi per i nati sotto il segno
   a. della Bilancia.   b. del Capricorno.

6. Per i nati sotto il segno dei Pesci
   a. le cose andranno molto male.   b. le cose non andranno troppo male.

7. In settimana i nati sotto il segno dello Scorpione
   a. otterranno qualcosa di buono.   b. dovranno agire con calma.

B. Traduciamo! Translate the following sentences.

1. Marco likes Stefania.

_____

2. Diana likes you.

_____

3. As a child, I liked reading Mickey Mouse.

_____

4. Do you like comic books?

_____

5. Do you like studying Italian?

_____

6. Why didn't you like the film?

_____

7. Children like to read comics.

_____

8. Italians like soccer matches.

_____

9. My mother dislikes watching television.

_____

10. She really liked her birthday present.

_____

11. Students like good grades.

_____

12. Professors like good students.

_____

C. I miei gusti.

I. Write a paragraph in Italian about your tastes and preferences. Tell about things you particularly like and dislike in food, clothes, television programs, books, music, films, art, and so on.

_____

_____

_____

_____

_____

_____

_____

_____

_____

_____

_____

_____

II. Now write a paragraph in Italian describing the tastes of a person you know well. Tell about things they particularly like and dislike in food, clothes, television programs, books, music, films, art, and so on.

_____

_____

_____

_____

_____

_____

_____

_____

_____

_____

_____

_____

D. A chi piace che cosa? Look at the drawings, then write sentences indicating who likes what, as in the example. (Careful! Some items require the plural.)

1. il cane + gli ossi

2. il coniglio + la carota

3. il topo + il formaggio

4. lo scoiattolo + le arachidi

5. l'elefante + l'acqua

6. l'anatra + il pane

7. il leone + la carne

1. Ai cani piacciono gli ossi. _____

2. _____

3. _____

4. _____

5. _____

6. _____

7. _____

E. A me piace... piacciono... Fill in the blanks with an appropriate item.

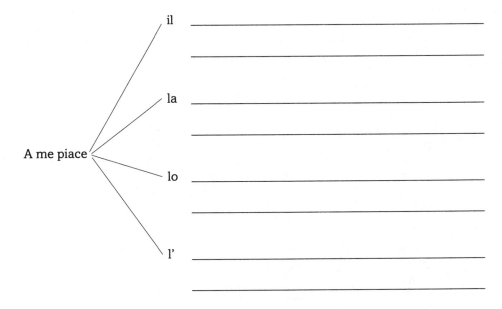

```
              gli  _____

                   _____

A me piacciono     le   _____

                   _____

              i    _____

                   _____
```

F. Come si dice... ? In the space provided, list all the additional words and expressions dealing with activities featured in this chapter (talking about the future, about your horoscope) that you would like to know. With the help of a dictionary and your instructor, find the Italian equivalents.

_____

_____

_____

_____

_____

_____

_____

_____

CAPITOLO

12 DI CHE SEGNO È?

IN LABORATORIO!

Pronuncia: La consonante s

A. The letter **s** stands for two sounds in Italian:

- the **s** sound, as in the English word *sip*, is known as a *voiceless* consonant, and comes before any voiceless consonant—**c, f, p, t**—and any vowel:

  scultura, spiritoso, stanco
  sette, simile, succo

- the **z** sound, as in the English word *zip*, is known as a *voiced* consonant, and comes before any voiced consonant—**b, d, g, l, m, n, r, v**:

  sbaglio, sbadato, smog

  Note, moreover, that the voiced z sound is used between vowels in most of Italy:

  casa, spesa, rosa

B. Repeat each of the following sentences, imitating the speaker. Then write each sentence as the speaker dictates it.

1. Io sbaglio sempre. _____

2. Sonia non è a casa. _____

3. Sono molto stanca. _____

4. Comprerò un paio di scarpe rosa domani. _____

_____

5. Senti, tu sai come si chiama quella studentessa? _____

_____

6. La cosa è molto semplice da risolvere. _____

Ascolto

C. Sì, vado dal dottor Rossi. You will hear five questions, each asked twice. Answer the following questions affirmatively, using **da**. Then repeat the response after the speaker.

> **Esempio:** *You hear:* Vai a casa del dottor Rossi?
> *You say:* Sì, vado dal dottor Rossi.

(Items 1–5)

D. Occhio al futuro! You will hear six questions, each asked twice. Answer each question, as in the example. Then repeat the answer after the speaker.

> **Esempio:** *You hear:* Vai all'università oggi?
> *You say:* No, andrò all'università lunedì.

(Items 1–6)

E. Sì, le telefono ogni giorno. You will hear five questions, each asked twice. Answer the following questions affirmatively, replacing the indirect object with the indirect-object pronoun **gli** or **le**. Then repeat the response after the speaker.

> **Esempio:** *You hear:* Tu telefoni ogni giorno a Carla?
> *You say:* Sì, le telefono ogni giorno.

(Items 1–5)

F. Occhio al pronome! You will hear five questions, each asked twice. Answer the following questions affirmatively, using the appropriate indirect-object pronoun, as in the example. Then repeat the response after the speaker.

> **Esempio:** *You hear:* Ti telefona ogni giorno Gianna?
> *You say:* Sì, mi telefona ogni giorno.

(Items 1–5)

G. Occhio al femminile! You will hear four nouns. Repeat each noun after the speaker; then change each noun and its article into the feminine. Finally, repeat the response after the speaker.

> **Esempio:** *You hear:* lo zio
> *You say:* lo zio / la zia

(Items 1–4)

H. Dal singolare al plurale You will hear five nouns in the singular. Repeat each noun after the speaker; then put each noun and its article into the plural. Listen for the correct answer.

> **Esempio:** *You hear:* il pianista
> *You say:* il pianista / i pianisti

(Items 1–5)

I. Chi è? Anna doesn't know the names of two people who have just walked into the classroom. She asks Roberto who they are, so he describes them and tells her their names. Listen to their conversation and then label the pictures with the correct names of the two people.

J. L'oroscopo. You will hear your horoscope. Listen carefully and take notes.

_____

_____

_____

_____

_____

_____

Now, as you listen to the speaker for a second time, indicate in the space provided whether each statement below is **vero** or **falso**.

	VERO	FALSO
1. Avrete una giornata buona e divertente.	_____	_____
2. Incontrerete una persona maleducata e antipatica.	_____	_____
3. Riceverete brutte notizie in campo professionale.	_____	_____

CAPITOLO

13 DAL MEDICO!

AL LAVORO!

Tema 1

A. Il corpo umano. Rearrange each set of letters to spell the part of the body indicated, writing it below with its definite article.

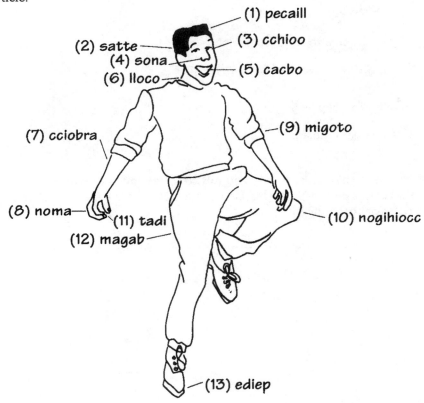

(1) pecaill
(2) satte
(3) cchioo
(4) sona
(5) cacbo
(6) lloco
(7) cciobra
(9) migoto
(8) noma
(11) tadi
(12) magab
(10) nogihiocc
(13) ediep

1. _____

2. _____

3. _____

4. _____

5. _____

6. _____

7. _____

8. _____

9. _____

10. _____

11. _____

12. _____

13. _____

B. Mi sento male! Write down all the health problems/illnesses that you know how to express in Italian (headache, sore throat, stomachache, fever, vomiting, cough, flu, cold, etc.).

1. _____Ho mal di gola!_____   5. _____

2. _____Mi fa male lo stomaco!_____   6. _____

3. _____   7. _____

4. _____   8. _____

C. Gli «ordini» del dottore. Here are some common "orders" that doctors give to their patients. Supply the missing verbs, making sure that you use the polite form.

1. _____Apra_____ la bocca!

2. _____ il termometro sotto il braccio!

3. _____ forte!

4. _____ questa medicina!

5 _____ fra una settimana!

D. Dal dottore. Write a dialogue between **la signorina Mari** and **la dottoressa Rossi.** Ms. Mari feels sick and has all kinds of complaints. After examining her, the doctor tells her she is suffering from stress—too much work—and advises her accordingly.

ROSSI: _____

MARI: _____

ROSSI: _____

MARI: _____

ROSSI: _____

MARI: _____

ROSSI: _____

MARI: _____

E. Gli «ordini» della mamma a Pierino. Here are some common "orders" that mothers give to their children. Supply the missing verb.

1. Pierino, _____prendi_____ la medicina!

2. Pierino, _____ il libro nello zaino!

3. Pierino, _____ la bocca mentre mangi!

4. Pierino, _____ gli spinaci!

5. Pierino, _____ il latte!

6. Pierino, _____ la lezione!

7. Pierino, _____ la lettera!

8. Pierino, _____ la stanza!

9. Pierino, _____ alla nonna!

10. Pierino, _____ la finestra!

F. Gli «ordini» del professore. Here are some common "orders" that teachers give to their students. Supply the missing verb.

1. ___Aprite___ il libro!

2. _____ le frasi ad alta voce!

3. _____ bene quello che dico *(what I say)*!

4. _____ le frasi alla lavagna!

5. _____ a scrivere l'esame subito!

6. _____ alle domande!

7. _____ la penna e _____ il dettato!

8. _____ queste parole sul dizionario!

9. _____ il libro da pagina 10 a pagina 20!

10. _____ a casa subito dopo scuola!

11. _____ la porta! C'è troppo rumore.

G. Gli «ordini» dei genitori. Below each picture, write the command that the parent is giving to the child.

1. _____

2. _____

3. _____ **4.** _____

H. Sì, andiamo al cinema! Answer the following questions, using the imperative form.

> **Esempio:** _Vuoi andare al cinema?_
> _Sì, andiamo al cinema!_

1. Vuoi telefonare a Giuliana?

_____

2. Vuoi ordinare la pizza?

_____

3. Vuoi pranzare insieme?

_____

4. Vuoi invitare anche Marco?

_____

5. Vuoi guardare la televisione?

_____

6. Vuoi uscire?

_____

7. Vuoi tornare a casa?

_____

8. Vuoi rimanere ancora un po'?

_____

I. Che tempaccio! Translate the following expressions into Italian.

1. What lousy weather!

_____

2. She said a dirty word.

_____

3. Who is that little boy?

_____

4. We bought a little house in the country.

_____

5. This professor always uses big words.

_____

J. Sì, ci sono stato! Answer the following questions affirmatively or negatively, using the pronoun **ci**.

1. Sei mai stato a Roma?

Sì, ci sono stato! _____

2. Siete andati dal dentista?

_____

3. Vai spesso dal tuo professore?

_____

4. Voi siete mai andati in Italia?

_____

5. Tu sei mai stata dallo psicanalista?

_____

6. Tua madre va spesso a New York?

_____

Tema 2

A. Gli «ordini» del medico!

I. Here are some "orders" that doctors frequently give to their patients. Supply the missing verbs, making sure you use the polite form, as in the example.

1. Mi ____dica____ che sintomi ha?

2. _____ due aspirine al giorrio.

3. Mi _____ vedere la gola!

4. _____ molti liquidi!

5. _____ il suo numero de telefono alla segretaria.

6. _____ calmo!

7. _____ a vedermi fra un mese.

8. _____ sdraiato *(lying down)*!

9. _____ pazienza!

II. This time the doctor is speaking to a child, Pierino. Supply the missing verbs, using the familiar form.

1. ____Apri____ la bocca!

2. _____ tranquillo, non ti farò male!

3. _____ il termometro in bocca!

4. _____ la medicina!

5. _____ gli occhi, ti faccio un'iniezione!

6. _____ bravo, non piangere!

7. _____ molta acqua!

B. Non beva alcolici!

I. Doctors often advise patients not to do certain things. Here are some common "negative" orders.

1. Signora, ____non beva____ alcolici!

2. Signora, _____ sigarette!

3. Signora, _____ troppi grassi!

4. Signora, _____ a letto tardi!

5. Signora, _____ paura!

6. Signora, _____ troppa ginnastica!

7. Signora, _____ troppi antibiotici!

II. This time the doctor is speaking to an adolescent. Transform the "negative commands" of the preceding exercise into the familiar form.

1. Luigi, ___*non bere*___ alcolici!

2. Luigi, _____ sigarette!

3. Luigi, _____ troppi grassi!

4. Luigi, _____ a letto tardi!

5. Luigi, _____ paura!

6. Luigi, _____ troppa ginnastica!

7. Luigi, _____ troppi antibiotici!

C. Occhio all'imperativo! Choosing from the verbs listed below, complete each sentence, using the imperative form. Make sure you distinguish between the formal command **(Lei)** and the informal command **(tu)**.

andare	aprire	fare	guardare	leggere	
mettere	parlare	pulire	seguire	stare	venire

1. Ragazzi, _____ il libro e _____ a bassa voce il racconto a pagina 23.

2. Signorina, se vuole prendere «A» in italiano, _____ questi consigli: _____

sempre a lezione, _____ regolarmente gli esercizi, _____ molti programmi

italiani alla TV e _____ il giornale italiano.

3. Roberto, per favore, _____ la tua stanza e _____ nell'armadio i tuoi vestiti.

4. Pierino, non _____ ad alta voce. _____ fermo.

5. Per favore, Lisa, _____ a comprare il giornale.

D. Traduciamo! Translate the following sentences.

1. *(Boss to assistant)* Please write that letter and mail it immediately!

_____

2. *(Teacher to student)* Giovanna, study this chapter well and do all the exercises for tomorrow.

_____

3. *(Mother to child)* Don't go into that room and don't disturb your father.

_____

4. *(Father to children)* Please, children, don't go out tonight. Stay home and do your homework.

_____

5. *(Wife to husband)* Please don't watch that program on TV. Let's go out instead.

_____

6. *(Doctor to Mr. Covelli)* Mr. Covelli, please give this medicine to your son twice a day before meals.

_____

7. *(Between two friends)* Please, John, come here! I need some help.

_____

8. *(At the doctor's office)* Come in, Mr. Bonelli! Wait a moment. Dr. Morri will be here shortly.

_____

Ricapitoliamo!

A. Dal medico! You are in Italy with your friend Jane, who does not speak any Italian. She doesn't feel well and asks you to accompany her to the doctor and act as an interpreter.

1. Jane says: "Would you please tell the doctor that I do not feel well? I have a sore throat, a headache, a temperature, and a terrible cough."

You say to the doctor: _____

_____

_____

_____

2. The doctor tells you: «Signorina, dica alla Sua amica che ha l'influenza, e che deve andare a letto, bere molti liquidi e tornare da me tra due settimane.»

You tell Jane: _____

_____

_____

_____

B. Mi sento male! You have missed a week of your Italian class because you are sick. Write a note to your Italian instructor, stating the following.

1. that you have not been in class for a week because you have the flu
2. that you have a cough, stomachache, headache, and fever
3. that your doctor has told you that you need rest
4. that you will be attending class next week

_____

_____

_____

_____

_____

_____

_____

C. In farmacia! Read the following ad carefully. Then fill in the missing lines in the dialogue between the pharmacist and the customer.

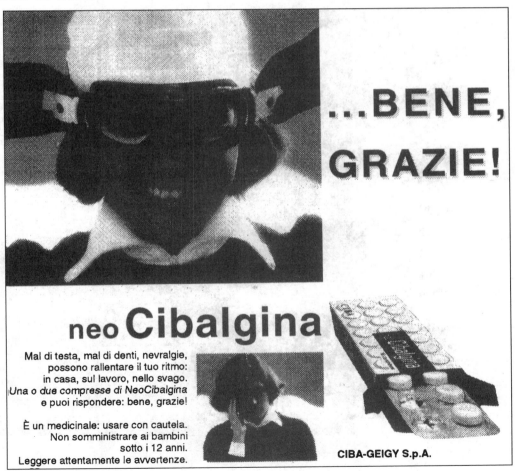

...BENE, GRAZIE!

neo **Cibalgina**

Mal di testa, mal di denti, nevralgie,
possono rallentare il tuo ritmo:
in casa, sul lavoro, nello svago.
Una o due compresse di NeoCibalgina
e puoi rispondere: bene, grazie!

È un medicinale: usare con cautela.
Non somministrare ai bambini
sotto i 12 anni.
Leggere attentamente le avvertenze.

CIBA-GEIGY S.p.A.

FARMACISTA: Buongiorno, signora. Cosa desidera?

CLIENTE: _____

FARMACISTA: Prenda la NeoCibalgina. È molto buona.

CLIENTE: _____

FARMACISTA: Una o due ogni quattro ore.

CLIENTE: _____

FARMACISTA: No, non sotto i 12 anni.

CLIENTE: _____

D. Giochiamo con la pubblicità. As you read the ad below, try to guess the meaning of any unfamiliar words.

1. Now, write in the space provided the two commands in the ad. Then give their English equivalents.

   a. _____

   _____

   _____

   _____

   b. _____

   _____

   _____

   _____

2. Complete the following sentences:

   a. Il ragazzo nell'annuncio ha mal di

   _____ .

   b. Possiamo comprare le compresse di Bradoral solo in

   _____ .

   c. Bradoral ha un sapore

   _____ e _____ .

Non sottovalutare il mal di gola. Anche un leggero mal di gola può rapidamente trasformarsi in qualcosa di più.
La Ciba-Geigy offre la possibilità di combatterlo sin dall'inizio con Bradoral.
Le compresse di Bradoral svolgono un'azione disinfettante del cavo oro-faringeo, combattendo angine, faringiti, raucedini, gengiviti, ecc.
Bradoral ha anche un sapore fresco e gradevole.

della Ciba-Geigy solo in farmacia.

**Non sottovalutare il mal di gola.
Combattilo subito con Bradoral.**

3. On a separate piece of paper, prepare a similar ad advertising a medicine of your choice. Use the imperative form.

E. Il telefono della salute. The Italian weekly health magazine *Starbene* lists the names of doctors who can be contacted by phone for medical consultation. Read *Starbene*'s «Il telefono della salute» on page 196 and answer the following questions in English.

1. On what days is this service available?

_____

2. At what hours is this service available?

_____

3. At what telephone numbers may these doctors be contacted?

_____

4. What kinds of medical specialists may be contacted? (Give four examples.)

_____

5. What are the names of the specialists you have chosen in question 4? What are their professional qualifications and affiliations?

_____

F. Come si dice... ? In the space provided, list all the additional words and expressions dealing with activities featured in this chapter (expressing commands, giving advice, expressing how you feel physically) that you would like to know. With the help of a dictionary and your instructor, find the Italian equivalents.

_____

_____

_____

_____

_____

_____

_____

_____

_____

DAL MEDICO!

IN LABORATORIO!

Pronuncia: I suoni rappresentati da **sc, sci, sch**

A. As you have discovered by now, the sequence of letters **sc** stands for:

- the sound /**sk**/ before **a, o, u** and any consonant:

  scarpa, scontento *(unhappy)*, **scuola, scrivere**

- the sound similar to the *sh* in the English word *ship*, before **e** and **i**:

  conoscere, pesce, uscire

- the sequence **sci** also stands for this sound before **a, o, u**:

  lasciare, sciarpa, sciopero *(strike)*, **prosciutto**

- the sequence **sch** stands for /**sk**/ before **e** and **i**:

  maschile, schiena *(back of the body)*

B. Repeat each of the following sentences, imitating the speaker. Then write each sentence as the speaker dictates it.

1. Con chi esci stasera? _____

2. Mi piace il prosciutto, ma non il pesce. _____

3. Io conosco molti studenti a scuola. Ne conosci molti anche tu? _____

_____

4. Ho comprato una bella sciarpa ieri. _____

5. Finalmente, ho imparato tutti i nomi maschili irregolari. _____

_____

6. Io esco tra poco. E voi quando uscite? _____

Ascolto

C. Dal dottore. Here are five orders that doctors frequently give to their patients. Choosing from the verbs listed below, fill in each blank with the correct form of the imperative, saying the entire sentence. Then repeat the answer after the speaker.

dica	vada	torni	prenda	faccia

1. _____ questo antibiotico!

2. _____ in farmacia!

3. _____ fra una settimana!

4. Mi _____! Che sintomi ha?

5. Mi _____ vedere gli occhi!

D. A casa. Here are five orders that parents give their children. Choosing from the verbs listed below, fill in each blank with the correct form of the imperative, saying the entire sentence. Then repeat the answer after the speaker.

di'	bevi	va'	mangia	sta'

1. _____ il latte!

2. _____ gli spinaci!

3. _____ a scuola!

4. _____ sempre la verità!

5. _____ fermo!

E. Traduciamo! You will hear five commands in English, each read twice. Translate them into Italian. Then repeat the answer after the speaker.

(Items 1-5)

F. No, non mangiare! You will hear five requests made by various people, each asked twice. Respond to each request, using a negative command in the familiar form. Then repeat the response after the speaker.

    Esempio: *You hear:* Mangio?
                   You say: No, non mangiare.

(Items 1-5)

G. Cos'ha Pierino? You will hear five short sentences. Write the number of each sentence beside the picture to which it corresponds.

1. _____    2. _____    3. _____

4. _____

5. _____

H. Dal medico. Listen to the following dialogue between a doctor and his patient. As you listen, take notes. The dialogue will be read twice.

_____

_____

_____

_____

_____

Now answer the following questions; then repeat the response after the speaker. Each question will be asked twice.

(Items 1- 6)

I. Ascoltiamo la conversazione!   Listen carefully to the following conversation. It will be read twice. Then circle the correct answer to each question you hear.

1. a. in farmacia
   b. dal dentista
   c. al ristorante

2. a. lo stomaco
   b. la testa
   c. un dente

3. a. una pomata.
   b. un antibiotico.
   c. un'aspirina.

CAPITOLO 14 ALL'AEROPORTO!

AL LAVORO!

Tema 1

A. Dov'è? Using the map below as a guide, indicate whether each of the following statements is **vero** or **falso**.

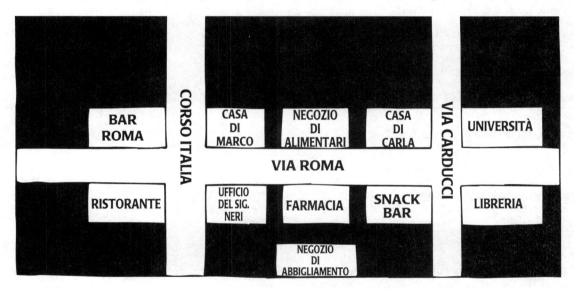

	VERO	FALSO
1. Marco abita davanti all'ufficio del Sig. Neri.	_____	_____
2. Il bar Roma è vicino all'università.	_____	_____
3. Lo snack bar è vicino all'università.	_____	_____
4. La farmacia è accanto all'ufficio del Sig. Neri.	_____	_____
5. Il negozio di alimentari è davanti alla farmacia.	_____	_____
6. Marco abita lontano dal negozio di alimentari.	_____	_____
7. Il negozio di abbigliamento è dietro la farmacia.	_____	_____
8. Carla abita vicino all'università.	_____	_____
9. La libreria è davanti al Bar Roma.	_____	_____
10. Il ristorante è dietro la farmacia.	_____	_____

B. Glieli do adesso! Answer the following questions using the double object pronoun, as in the example.

1. Quando dai i biglietti al signor Rossi?

   Glieli do adesso / oggi / stasera / domani...

2. Quando compri la bicicletta a Carlo?

   _____

3. Quando scrivi la lettera agli zii?

   _____

4. Quando porti il caffè alla nonna?

   _____

5. Quando mandi i documenti a tua sorella?

   _____

6. Quando fai la torta ai ragazzi?

   _____

7. Quando dai l'aspirina a Manuela?

   _____

C. Certo che te li ho dati! Answer the following questions affirmatively, using the double object pronoun, as in the example. Remember to pay attention to agreement.

1. Mi hai dato i biglietti?

   Certo che te li ho dati!

2. Mi hai dato il passaporto?

   _____

3. Mi hai dato le riviste?

   _____

4. Mi hai dato gli assegni?

   _____

5. Mi hai dato la carta d'imbarco?

   _____

6. Mi hai dato l'orologio?

_____

7. Mi hai dato la giacca?

_____

8. Mi hai dato lo scontrino?

_____

D. Occhio al pronome doppio! Complete the following sentences, using the double object pronoun.

1. «Hai dato i documenti a tua madre?»

«No, non ____glieli____ ho dat__i__.»

2. Noi non abbiamo ancora mandato il telegramma a Luisa: _____ manderemo stasera.

3. «Per favore, mi compri la rivista?»

«Sì, _____ compro oggi.»

4. «Vi hanno portato la macchina?»

«Sì, _____ hanno portat_____ ieri.»

5. «Mi fai un favore?»

«Certo, _____ faccio subito!»

6. «Hai chiesto il numero del volo a tua sorella?»

«_____ chiedo domani.»

7. «Mi hai fatto la prenotazione?»

«Sì, _____ ho fatt_____!»

8. «Ci dici cosa è successo, per favore?»

«Adesso non ho tempo: _____ dico dopo.»

9. Cliente, al bar: «Scusi, quando mi serve il caffè?»

Cameriere: «_____ servo subito, signore.»

10. Professore: «Quando mi porta il tema?»

Studente: «_____ porto domani, professore.»

E. Pronomi doppi con i verbi riflessivi. Answer affirmatively, using the double object pronoun. Remember to pay attention to agreement.

1. Ti sei lavato le mani?

   _____

2. Ti sei messo il cappotto?

   _____

3. Ti sei provato la camicia?

   _____

4. Maria si è lavata i capelli?

   _____

5. Vi siete messi i guanti?

   _____

6. Marco si è pulito le scarpe?

   _____

7. Vi siete lavate le mani?

   _____

8. Gino si è messo l'impermeabile?

   _____

F. Traduciamo! Translate the following sentences.

I. Giovanni's mother is telling him to do certain things. Write them in Italian, remembering to use the familiar form.

1. Giovanni, wake up!

   _____

2. Get up!

   _____

3. Wash yourself!

   _____

4. Have breakfast!

_____

5. Go to school!

_____

6. Do your homework!

_____

7. Go play!

_____

8. Eat your apple!

_____

9. Drink your milk!

_____

10. Give me a kiss!

_____

II. Professor Ferrari, an Italian language teacher, is telling a student to do various things. Write them in Italian, remembering to use the polite form.

1. Open the book!

_____

2. Listen to the dialogue!

_____

3. Close the book!

_____

4. Pay attention!

_____

5. Read the sentence!

_____

6. Answer the questions!

_____

7. Write a sentence in Italian!

_____

8. Put the book on the table!

_____

9. Finish the homework!

_____

10. Go to the library!

_____

Tema 2

A. Mangialo! Someone is asking your permission to do various things. Grant each request, using the appropriate familiar command. Be sure you use the correct direct- or indirect-object pronoun.

1. Posso mangiare questo gelato?

Certo! Mangialo! _____

2. Posso prendere l'antibiotico?

_____

3. Posso bere questa Coca-Cola?

_____

4. Posso dargli la medicina?

_____

5. Posso fare i compiti?

_____

6. Posso spedire le valige?

_____

7. Posso scrivere la lettera?

_____

8. Posso scrivere a Maria?

_____

9. Posso telefonare a Gino?

_____

10. Posso finire i compiti?

_____

B. A chi hanno dato il premio? Give surprised responses to the following announcements, using the emphatic form of the pronoun, as in the example.

1. Ti hanno dato il premio *(prize)*.

Hanno dato il premio a me!? _____

2. Vi hanno dato il premio.

_____

3. Gli hanno dato il premio.

_____

4. Le hanno dato il premio.

_____

5. Ci hanno dato il premio.

_____

6. Mi hanno dato il premio.

_____

C. Mi telefoni alle otto! Complete each minidialogue, using the appropriate polite command. Be sure you use the correct direct- or indirect-object pronoun.

1. Professore, a che ora Le telefono questa sera?

_____ alle otto, signorina!

2. Devo leggere tutto il libro per domani, professore?

Sì, _____ tutto!

3. Quando devo prendere gli antibiotici, dottore?

_____ la mattina e la sera, signora!

4. Posso bere il vino, dottore?

Ma certo, _____! Un po' di vino non fa male.

5. Posso mangiare la carne, dottore?

Ma certo, _____ se le piace. Però con moderazione.

6. Quando devo scrivere la lettera, signor Farini?

_____ subito, per favore, signorina.

7. Dottoressa, cosa devo dire al signor Giannini?

_____ che gli telefono stasera.

8. Dottoressa, cosa devo dire alla signora Grandi?

_____ che può venire domani.

9. Dottore, quante aspirine devo prendere?

_____ due ogni quattro ore.

10. Dottore, mia figlia ha un forte mal di denti.

_____ dal dottor Giusti. È un ottimo dentista.

D. Le coppie. Match each statement with the appropriate situation.

1. nel negozio di verdura   a. Si provi questo vestito. È bellissimo.

2. al telefono   b. Mi faccia un caffè, per favore.

3. a casa, in famiglia   c. Mi dia delle mele, per favore.

4. nel negozio di abbigliamento   d. Apra la bocca! Respiri!

5. al bar   e. Facciamo gli auguri alla nonna! Cantiamo!

6. dal medico   f. Pronto! Mi dica!

E. Non farlo! Answer these requests with a negative command, using the familiar form.

1. Posso mangiare questo panino?

_____

2. Posso bere la Coca-Cola?

_____

3. Posso guardare la televisione?

_____

4. Posso comprare quel vestito?

_____

5. Posso telefonare a Giancarlo?

_____

6. Posso sedermi?

_____

7. Posso entrare?

_____

8. Posso prendere il tassì?

_____

9. Posso alzarmi?

_____

10. Posso leggere questa lettera?

_____

F. Occhio all'imperativo! Transform each command from the familiar to the polite form.

1.	Pierino, vieni qui!	Signora, _venga qui!_
2.	Gino, alzati!	Signor Rossi, _____
3.	Roberto, apri la finestra!	Signorina, _____
4.	Mario, non andare via!	Avvocato, _____
5.	Marcello, dimmi la verità!	Dottore, _____
6.	Michele, leggi le istruzioni!	Signorina, _____
7.	Paola, non partire!	Ingegnere, _____
8.	Marina, mettiti il cappotto!	Professore, _____
9.	Luisa, non entrare!	Dottor Paoli, _____
10.	Giovanni, dammi cento dollari!	Signorina, _____

G. Botta e risposta. Match the following questions and responses.

1. Dove volete andare?   _d_   a. Viaggerò in treno.

2. Hai comprato i biglietti?   ____   b. Sì, due bottiglie di whisky.

3. Dov'è Parigi?   ____   c. Non più di un milione.

4. Avete qualcosa da dichiarare?   ____   d. Vogliamo andare a New York.

5. Come viaggerai?   ____   e. Vorrei visitare Milano e Roma.

6. A che ora arriva l'aereo?   ____   f. Sì, li ho comprati.

7. Quanto volete spendere?   ____   g. No, è in ritardo.

8. Quali città vuoi visitare?   ____   h. No, non gliel'ho dato.

9. Con che compagnia viaggi?   ____   i. È in Francia.

10. Sei mai stato in Grecia?   ____   j. Alle otto e trenta.

11. È in orario il volo AZ650?   ____   k. Sì, me l'ha scritta.

12. Ti ha scritto la lettera?   ____   l. No, non ci sono mai stato.

13. Hai dato il passaporto a Maria?   ____   m. Con l'Alitalia.

H. Cerca l'opposto! Fill in the blanks with an expression of the opposite meaning.

1. dopo: _prima_

2. ieri: _____

3. sempre: _____

4. in anticipo: _____

5. presto: _____

6. vicino: _____

7. davanti: _____

8. a destra: _____

9. sotto: _____

10. fuori: _____

I. Rispondi a queste domande! Answer freely, in complete sentences.

1. Preferisci viaggiare in aereo, in macchina o in treno? Perché?

_____

2. Viaggi spesso in aereo? Ti piace?

_____

3. Con che compagnia viaggi di solito? Perché?

_____

4. In che classe viaggi di solito? Perché?

_____

5. Dove preferisci andare in vacanza? Perché?

_____

J. All'aeroporto.

I. List five persons or things one would see at an airport. Use complete sentences.

1. _____

2. _____

3. _____

4. _____

5. _____

II. Mark the items that are absolutely necessary for a plane trip out of the country.

1. passaporto   _____

2. giornali   _____

3. biglietto   _____

4. soldi   _____

5. chiavi *(keys)*   _____

6. bagaglio   _____

7. aspirine   _____

8. libri   _____

Ricapitoliamo!

A. Traduciamo! Translate the following sentences into Italian.

1. "Did you send her the letter?"
   "No, I will send it to her tomorrow."

_____

_____

2. I have not given him my address yet: I don't want to give it to him.

_____

3. "Do you want your book?"
"Yes, give it to me, please."

_____

_____

4. "Did she give you some checks?"
"Yes, she gave me some."

_____

_____

5. Come with me!

_____

6. This ticket is for you, not for him!

_____

7. Did she like the coat? Did she try it on?

_____

8. I gave Mario the gloves. He put them on right away!

_____

9. "Did you wash your hands?"
"Yes, I washed them."

_____

_____

10. Ask her for her address.

_____

B. Formula Europa.   Read the ad on page 217; try to guess the meanings of unfamiliar words. Then answer the following questions.

1. Quante proposte _(proposals)_ di viaggio offre l'Alitalia con questo annuncio?

_____

2. Come si chiamano?

_____

FORMULA EUROPA

E' ALITALIA
L'EUROPA MAI VISTA

E' il momento di Formula Europa Alitalia. Le più belle città d'Europa con i colori di questa stagione, con voli di linea Alitalia, a prezzi da sogno. Scegli la tua Europa tra le tante proposte Alitalia.

VIAGGIANDO INSIEME

Il piacere di un viaggio romantico: lui, lei, la stessa voglia di vacanza. Con voli di linea Alitalia. Un esempio: ROMA - LONDRA, andata e ritorno, per due persone **£. 600.000**

FORMULA FAMIGLIA

Lui, lei e questa volta anche i ragazzi. Con voli di linea Alitalia. Un esempio: MILANO - PARIGI quattro persone, andata e ritorno **£. 1.000.000**

FORMULA JUNIOR

Giovani e giovanissimi fino a 12 anni dal 33% al 50% di sconto. Fino a 25 anni occasioni per tutte le destinazioni europee. Con voli di linea Alitalia. Un esempio: MILANO - AMSTERDAM andata e ritorno **£. 300.000**

FORMULA SENIOR

L'occasione giusta, studiata per chi ha almeno 60 anni e un po' di tempo a disposizione. Con voli di linea Alitalia. Alcuni esempi: MILANO - MALAGA andata e ritorno **£. 300.000**, ROMA - ISTANBUL andata e ritorno **£. 400.000**

Per tutte le altre opportunità, per le informazioni e modalità di Formula Europa Alitalia, rivolgetevi agli uffici Alitalia e alle agenzie di viaggio.

FORMULA EUROPA
Alitalia

3. Quanto costa un biglietto Roma-Londra, andata e ritorno, per due persone?

_____

4. Quanto costa un biglietto Milano-Parigi, andata e ritorno, per quattro persone?

_____

5. Chi può ottenere *(obtain)* dal 33% al 50% di sconto?

_____

6. Quanto costa un biglietto Roma-Istanbul, andata e ritorno, per una persona di 60 anni?

_____

7. Dove bisogna rivolgersi per le informazioni di Formula Europa Alitalia?

_____

C. Un viaggio negli Stati Uniti. Read the following ad; try to guess the meanings of unfamiliar words. Then, using information from the ad, write a dialogue between a travel agent and Mr. Rossi, who wants to travel in the United States with his wife.

TWA. America per tutte le tasche e per tutti i gusti

Quali che siano i vostri gusti, certamente apprezzerete le occasioni, quando sono grandi firme a proporvele. E allora date un'occhiata qua sotto:

NEW YORK: L. 1.149.000*
volo A/R da Milano + 5 notti in albergo di 1ᵃ categoria in camera doppia, per persona.

SAN FRANCISCO: L. 1.304.000*
volo A/R da MILANO + 5 notti in hotel di 1ᵃ categoria in camera doppia, per persona.

HAWAIII: L. 2.283.000*
volo A/R da MILANO + auto a noleggio + 2 transferimenti interni + 7 notti in hotel di 1ᵃ categoria in camera doppia, per persona.

E inoltre se preferite visitare l'America per conto vostro, acquistate un minimo di 3 tagliandi «VISIT USA» a **L. 85.000*** l'uno. Avrete così l'opportunità di scegliere tra MIAMI, WASHINGTON, ORLANDO o altre città statunitensi, tra le 100 servite dalla TWA. Insomma, quanto di più interessante, divertente, eccitante, riposante c'è in America. E sempre la garanzia di un grande firma. TWA.
Se volete saperne di più, parlatene con il vostro Agente di viaggi o direttamente con TWA.

*Supplemento di L. 50.000 per partenze da Roma.
L'offerta è valida dal 1 Novembre al 31 Marzo.
**L'offerta è valida dal 1 Ottobre al 31 Maggio.

Protagonista per l'America

All'agenzia di viaggi

AGENTE: _____

SIGNOR ROSSI: _____

_____

_____

_____

_____

_____

_____

_____

_____

D. Pronti per l'imbarco! Examine the boarding pass, then answer the following questions.

AZ0651 / 03 FEB. ROSSI / P	*Alitalia*
VOLO DATA NOME PASSEGGERO	

FCO Y	**POSTO** **35 A**	
DEST. CLASSE		ASSISTENZE

IMBARCO **PORTA POSTERIORE**	**90**
CARTA D'IMBARCO	USCITA

CONSERVARE LA CARTA D'IMBARCO SINO ALL'ARRIVO E NON
CAMBIARE POSTO SENZA AVER CONSULTATO L'ASSISTENTE DI VOLO.
FCO = AEROPORTO LEONARDO DA VINCI (FIUMICINO, ROMA)
Y = CLASSE TURISTICA

1. Con quale compagnia aerea viaggia il passeggero?

_____

2. Qual è il numero del volo?

_____

3. Qual è la data di partenza?

_____

4. Come si chiama il passeggero?

_____

5. Dove va il passeggero?

_____

6. In quale classe viaggia?

_____

7. Qual è il numero del posto?

_____

8. Qual è il numero dell'uscita?

_____

9. Il passeggero, se vuole cambiare posto, a chi deve chiedere?

_____

10. Come si chiama l'aeroporto di Roma?

_____

E. Benvenuti a bordo! Read the following ad; try to guess the meanings of unfamiliar words. Then answer the questions.

WELCOME ON BOARD

Alitalia vi dà il benvenuto a bordo, vi augura buon viaggio e coglie l'occasione per presentarvi Alitalia Airplus, la nuova carta di credito aziendale realizzata da Alitalia in collaborazione con 12 tra le più importanti compagnie aeree europee. Non dimenticatela quando viaggiate per affari, perché Alitalia Airplus è un nuovo, valido strumento di lavoro in grado di rispondere alle vostre esigenze 24 ore su 24: potrete utilizzarla ovunque per acquistare biglietti aerei relativi a qualsiasi destinazione senza limiti di credito, e pagare alberghi, ristoranti, noleggi auto e duty-free shops a bordo e a terra. Consente inoltre di ottenere anticipi di cassa* ed include un pacchetto assicurativo ed alcune forme di assistenza estremamente vantaggiose. Alle Aziende sottoscrittrici Alitalia Airplus offre la possibilità di ottenere estratti conto periodici a misura di utente, semplificando il problema della gestione ed organizzazione dei viaggi d'affari. Alitalia Airplus può essere acquistata direttamente presso gli uffici Alitalia oppure tramite le più accreditate agenzie di viaggio.

*in fase di definizione operativa nel rispetto delle normative vigenti.

ALITALIA AIRPLUS: LA BUSINESS CARD CHE VOLA PIÙ IN ALTO.

1. Che cos'è l'Alitalia Airplus?

_____

2. Come possiamo utilizzare l'Alitalia Airplus?

_____

3. Dove possiamo acquistare *(purchase)* l'Alitalia Airplus?

_____

F. Musica in volo.   Examine the airline entertainment guide. Then answer the following questions.

Musica in volo

CANALE 1 / CHANNEL 1
Colonna sonora del film
(Italiano)

CANALE 2 / CHANNEL 2
Movie sound track
(English)

CANALE 3 / CHANNEL 3
B747 Top Class
Colonna sonora
del film (Italiano)

CANALE 4 / CHANNEL 4
B747 Top Class
Movie sound track
(English)

CANALE 5 / CHANNEL 5

Si Apre il Sipario

Ring Up the Curtain
1ª ora / 1st hour

Il Barbiere di Siviglia
Una voce poco fà
(Rossini)   T. Berganza · Decca
Faust · Voi che fate l'addormentata
(Gounod)   N. Ghiaurov · EMI
Nabucco · Sinfonia
(Verdi)   Philharmonia
                        Orchestra
                        R. Muti · Conductor
                        EMI
I Pagliacci · No, pagliaccio non son
(Leoncavallo)   J. Carreras · EMI
Tristano e Isotta · Morte di Isotta
(Wagner)   M. Price · D.G.G.
Un Ballo in Maschera
Morrò, ma prima in grazie
(Verdi)   M. Arroyo
                        P. Cappuccilli · EMI
Otello · Niun mi tema
(Verdi)   C. Bergonzi · Philips
Lucia di Lammermoor
Tu che a Dio spiegasti l'ali
(Donizetti)   l. Pavarotti · Decca

2ª ora / 2nd hour

Don Carlos · Selezione
(Verdi)   J. Carreras, M. Freni
                        N. Ghiaurov,
                        A. Baltsa
                        P. Cappuccilli
                        Berlin Philharmonic
                        Orch.
                        H. Von Karajan ·
                        Conductor · EMI

CANALE 6 / CHANNEL 6
Tesori della Musica Classica
Treasures of Classical Music
1ª ora / 1st hour
Concerto di Natale
Christmas Concert
La registrazione è stata effettuata in
occasione del IIº Concerto di Natale
prodotto da Alitalia in collaborazione con
RaiUno ed eseguito il giorno
23 dicembre 1987 nella Basilica
Superiore di San Francesco di Assisi.
This recording is of the 2nd Christmas
Concert co-produced by Alitalia with
RaiUno and was performed on December
23rd 1987 in the Basilica Superiore di
San Francesco in Assisi, Italy.

Concerto in mi minore Op. 64 per
violino e orch.
Allegro molto appassionato,
Andante, Allegro molto vivace
(Mendelssohn)
Sinfonia n. 8 in fa magg. Op. 93
Allegro vivace, Allegretto
scherzando, minuetto,
Allegro vivace
(Beethoven)   S. Accardo · Violino
                        Orch. Sinfonica di
                        Roma della RAI ·
                        Radio Televisione
                        Italiana
                        E. Inbal · Conductor

2ª ora / 2nd hour
Omaggio a Claude Debussy
A Tribute to Claude Debussy

Suite Bergamasque for piano
Prelude, Minuet, Clair de lune,
Passepied   A. Weissemberg
                        Piano · RCA
Printemps for Orch.
(Suites Symphonique)
Trés Modéré, Modéré
                        Orchestre de Paris
                        D. Barenboim ·
                        Conductor · D.G.G.
Sonata for flute, Alto and harp
Pastorale, Lento, dolce rubato
Interlude, Tempo di minuetto,
Finale, Allegro moderato ma risoluto
                        A. Dwyer · Flute
                        B. Fine · Viola
                        A. Hobson · Harp
                        D.G.G.

CANALE 7 / CHANNEL 7

Commedie musicali

Musicals
1 ora / 1 hour

La vita comincia ogni mattina
La vita comincia ogni mattina
                        C. Scarpitta
                        G. Bramieri · Fontana
In bocca all'Ufo
Te presento Roma mia
                        R. Rascel · CLS
Accendiamo la lampada
Una luna in due J. Dorelli
                        G. Guida · CAM
Bravo!
Il teatro è meraviglioso
                        E. Montesano · WEA
La commedia di Gaetanaccio
Me vié da piagne L. Proietti · RCA
Cyrano
La canzone di Cyrano
                        D. Modugno
                        Carosello
Sono momentaneamente a
Broadway
Ogni sera alle nove di sera
                        G. Bramieri · Tower
Barnum
Vieni al circo insieme a noi
                        M. Ranieri
                        R. Gandini
                        e Compagnia CGD
Accendiamo la lampada
Accendiamo la lampada
                        Tutta la compagnia
                        CAM
Stanno suonando la nostra canzone
Quando sei con me
                        L. Proietti
                        L. Goggi e
                        Compagnia
                        Polydor
Bravo!
Bravo!   E. Montesano · WEA

CANALE 8 / CHANNEL 8
Successi Italiani
Italian Hits
1 ora / 1 hour

Emilia   L. Dalla/G. Morandi
                        F. Guccini · RCA
Il compleanno di Cristina
                        A. Venditti · Heinz
Luminosa via   G. Bella Polydor

1. Su quale canale c'è il film in lingua italiana?

_____

2. Su quale canale c'è il film in lingua inglese?

_____

3. Su quale canale c'è l'opera?

_____

4. Che programma c'è sul canale 6?

_____

5. Che musica c'è sul canale 8?

_____

G. Siamo a Roma, in albergo. Examine the hotel card, then answer the following questions.

Telef. 731466 / 735217

HOTEL PENSIONE

"LEON D'ORO"

camere con bagno - tutti i confort

ROMA - VIA GIOBERTI, 20 - 2° piano

(50 METRI STAZIONE TERMINI* 50 METRI TERMINAL PER AEROPORTO)

Sig. _____

_____ Cam. N. _____

*Stazione Termini: Rome train station

1. Come si chiama l'albergo?

_____

2. Qual è il numero di telefono dell'albergo?

_____

3. Le camere di quest'albergo hanno il bagno _(bathroom)_?

_____

4. Dov'è quest'albergo? In quale via? In quale città? Vicino a quale stazione?

_____

H. Visitiamo Firenze!   Read the travel information for the city of Florence, then answer the following questions. You may use a dictionary.

BENVENUTI A FIRENZE!

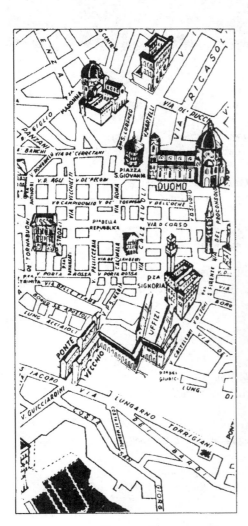

Firenze, ricca di tradizioni culturali e artistiche, è la città ideale per gli amanti di arte e storia. È situata sul fiume Arno ed è considerata una delle più belle città del mondo. Il suo aspetto aristocratico, le bellezze naturali dei suoi dintorni, i suoi importanti monumenti e opere d'arte del Medioevo e del Rinascimento sono noti a tutti. A Firenze è nato Dante Alighieri, il primo grande poeta in lingua italiana, autore della *Divina Commedia*.

Cosa vedere

Piazza della Signoria	Palazzo Vecchio
Galleria degli Uffizi	Ponte Vecchio
Battistero	Campanile di Giotto
Duomo	Chiesa di S. Maria Maggiore

Che tempo fa

C'è un clima marittimo. Le estati sono molto calde, gli inverni abbastanza miti.

Manifestazioni

Il giorno di Pasqua, scoppio del carro

Il giorno dell'Ascensione, festa del Grillo

Il 24 giugno, festa di San Giovanni Battista

Nel mese di maggio, il classico "Maggio musicale fiorentino"

In maggio e giugno, rassegna internazionale del cinema

Tra aprile e giugno, mostre dei fiori, della calzatura, della filatelia, di numismatica, di motori, di pelletteria

Cosa comprare

scarpe
borse
gioielli
articoli di antiquariato
abbigliamento
articoli di paglia

Dove mangiare

Enoteca Pinchiorri via Ghibellina 87.
Uno dei ristoranti più famosi d'Italia.

Al Campidoglio via del Campidoglio 8.
Per spuntini veloci. Cucina toscana genuina.

La Greppia lungarno Ferrucci 8.
Ristorante rustico con pizzeria.

Da Noi via Fiesolana 46.
Noto per i vini.

Dove dormire

Villa Medici   * * * * *
via il Prato 42, tel. 261331

Regency   * * * * *
piazza Massimo d'Azeglio 3, tel. 245247

Montebello Splendid   * * * *
via Montebello 60, tel. 298051

Michelangelo   * * * *
via fratelli Rosselli 2, tel. 278711

Alexander   * * *
viale Guidoni 101, tel. 4378951

1. Qual è il fiume di Firenze?

   _____

2. Qual è, secondo te, il monumento o luogo più famoso di Firenze?

   _____

3. Quali articoli compra il turista a Firenze?

   _____

4. Quali sono i due migliori alberghi di Firenze?

   _____

5. Quale ristorante fiorentino è famoso per i vini?

   _____

6. Chi è Dante Alighieri?

   _____

7. Che tempo fa di solito a Firenze in estate?

   _____

8. Quale festa si celebra a Firenze il 24 giugno?

   _____

I. Visitiamo una città americana! Prepare a publicity brochure on page 226 to introduce Italian tourists to your favorite American city. Include the following information:

- importanza storica della città
- posti da vedere: musei *(museums)*, chiese *(churches)*, ecc.
- clima
- alberghi
- ristoranti
- negozi
- altre attrazioni turistiche *(other tourist attractions)*

Benvenuti a...

J. Come si dice... ? List additional words and expressions related to material in this chapter that you would like to know. With help from a dictionary and your instructor, find the equivalents in Italian.

_____

_____

_____

_____

_____

_____

_____

CAPITOLO

14 ALL'AEROPORTO!

IN LABORATORIO!

Pronuncia: La consonante z

A. The letter **z** is pronounced like the English sound **/ts/**, as in *cats*, or **/dz/**, as in *lads*. This alternation is found throughout Italy.

zio	=	[tsio] or [dzio]
zucchero	=	[tsukkero] or [dzukkero]

B. Repeat each of the following words, imitating the speaker. Then write each word as the speaker dictates it.

1. zia _____

2. zero _____

3. zucchero _____

4. zabaione _____

5. abbastanza _____

6. agenzia _____

7. alzarsi _____

8. anzi _____

9. pazienza _____

10. lezione _____

Ascolto

C. Certo! Mangiala! Answer the following questions, as in the example. Then repeat the answer after the speaker. Each question will be asked twice.

> **Esempio:** *You hear:* Posso mangiare questa mela?
> *You say:* Certo! Mangiala!

(Items 1–5)

D. Occhio all'imperativo! You will hear five commands using the familiar form. Each will be read twice. Change them to the polite form, as in the example. Then repeat the answer after the speaker.

> **Esempio:** *You hear:* Pierino, alzati!
> *You say:* Signor Rossi, si alzi!

(Items 1–5)

E. Sì, te li ho dati! Answer each question affirmatively, using the double object pronoun. Then repeat the answer after the speaker. Each question will be asked twice.

> **Esempio:** *You hear:* Mi hai dato i biglietti?
> *You say:* Sì, te li ho dati!

(Items 1–5)

F. No, non glieli ho dati! Answer each question negatively, using the double object pronoun. Then repeat the answer after the speaker. Each question will be asked twice.

> **Esempio:** *You hear:* Hai dato i biglietti a Marco?
> *You say:* No, non glieli ho dati.

(Items 1–6)

G. Sì, l'hanno data a me! Answer each question emphatically, as in the example. Then repeat the answer after the speaker. Each question will be asked twice.

> **Esempio:** *You hear:* Ti hanno dato la lettera?
> *You say:* Sì, l'hanno data a me!

(Items 1–5)

H. Sì, me le sono lavate. Answer each question affirmatively, as in the example. Then repeat the answer after the speaker. Each question will be asked twice.

> **Esempio:** *You hear:* Ti sei lavato le mani?
> *You say:* Sì, me le sono lavate.

(Items 1–5)

I. Occhio alle preposizioni! Fill in each blank below with the correct preposition, saying the entire sentence. Then repeat the answer after the speaker.

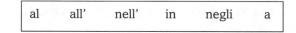

| al | all' | nell' | in | negli | a |

1. Carlo viaggia sempre _____ treno.

2. Quest'estate passerò le vacanze _____ mare.

3. Paolo abita _____ Milano.

4. John abita _____ Stati Uniti.

5. Roma è _____ Italia centrale.

6. L'aeroporto è vicino _____ albergo.

J. Al telefono. Listen to the following recorded telephone announcement concerning the arrival and departure of some Alitalia flights. The announcement will be read twice. Take notes in the space provided.

_____

_____

_____

Now answer the following questions. Each will be asked twice. Then repeat the answer after the speaker.

(Items 1–3)

K. All'aeroporto. Listen to the dialogue between an Alitalia check-in agent and a passenger. Then circle the letter of the best completion for each sentence below. The dialogue will be read twice.

1. Il volo è...
   a. in ritardo.
   b. in orario.

2. La passeggera...
   a. ha due valigie.
   b. non ha bagagli.

3. La passeggera desidera un posto vicino...
   a. al corridoio.
   b. al finestrino.

4. La passeggera deve andare all'uscita numero...
   a. 90.
   b. 80.

5. La passeggera deve andare all'uscita alle ore...
   a. quindici e trenta.
   b. tredici.

CAPITOLO 15 CARA SILVIA...

AL LAVORO!

Tema 1

A. Occhio al passato remoto! Completa con le forme dei verbi dati.

1. capire   lui _____ ;   loro _____

2. andare   lui _____ ;   loro _____

3. inventare   lui _____ ;   loro _____

4. scoprire   lui _____ ;   loro _____

5. pensare   lui _____ ;   loro _____

6. credere   lui _____ ;   loro _____

7. ascoltare   lui _____ ;   loro _____

8. ricevere   lui _____ ;   loro _____

B. Il passato remoto.
In the textbook, you have seen the regular forms of the past absolute tense. This verb tense is used mostly in the written language (especially in novels, short stories, fables, and history). Many verbs have irregular forms; here are those of five verbs, to help you understand the following two well-known stories. More about these irregular forms is presented in the **Lezione finale.**

essere	fui, fosti, fu, fummo, foste, furono
dire	dissi, dicesti, disse, dicemmo, diceste, dissero
dare	diedi, desti, diede, demmo, deste, diedero
fare	feci, facesti, fece, facemmo, faceste, fecero
vedere	vidi, vedesti, vide, vedemmo, vedeste, videro

I. **La volpe e l'uva.** Leggi questa favola di Esopo, cercando sul dizionario le parole che non conosci. Sottolinea i verbi al passato remoto, poi riscrivili all'infinito.

La volpe e l'uva

Un giorno una volpe <u>vide</u> un bellissimo grappolo d'uva. Poiché aveva molta fame, fece un salto per prenderlo. Il grappolo però era molto in alto e così la volpe non riuscì a coglierlo. Allora, delusa, disse: «Quest'uva è ancora acerba.» La morale della storia: spesso le persone disprezzano quello che non possono avere.

1. ___vide___ = ___vedere___   3. _____ = _____

2. _____ = _____   4. _____ = _____

II. Cappuccetto Rosso. Leggi la favola di Cappuccetto Rosso, cercando sul dizionario le parole che non conosci. Sottolinea i verbi al passato remoto, poi riscrivili all'infinito.

Cappuccetto Rosso

C'era una volta una bella bambina che si chiamava Cappuccetto Rosso. Un giorno la mamma le <u>disse</u> di andare a trovare la nonna che era molto malata. Le diede un cestino con molte cose buone da mangiare e le disse: «Non fermarti nel bosco e non parlare con nessuno.» La bambina, che era un po' disobbediente, si fermò nel bosco a raccogliere fiori. All'improvviso incontrò il lupo cattivo che le domandò: «Dove vai, Cappuccetto Rosso?» Allora la bambina rispose: «Vado a trovare la nonna che abita in quella casetta laggiù». Il lupo, che aveva molta fame, la salutò e corse subito a casa della nonna. Qui mangiò la povera vecchia in un boccone e si sdraiò nel suo letto. Quando Cappuccetto Rosso arrivò, fu molto sorpresa dall'aspetto strano della nonna e disse: «Nonna, che bocca grande che hai!» Allora il lupo saltò fuori dal letto e mangiò anche Cappuccetto Rosso. Fortunatamente proprio in quel momento passò davanti alla casa un cacciatore che, sentendo le grida di Cappuccetto Rosso, ammazzò il lupo e salvò sia la bambina che la nonna.

1. __disse__ = __dire__   10. _____ = _____

2. _____ = _____   11. _____ = _____

3. _____ = _____   12. _____ = _____

4. _____ = _____   13. _____ = _____

5. _____ = _____   14. _____ = _____

6. _____ = _____   15. _____ = _____

7. _____ = _____   16. _____ = _____

8. _____ = _____   17. _____ = _____

9. _____ = _____   18. _____ = _____

C. La sai la storia? Completa le frasi seguenti usando il passato remoto.

andare ✓	cominciare	morire	finire	scoprire	viaggiare	emigrare

1. Napoleone Bonaparte __andò__ in esilio a Sant'Elena.

2. Adolf Hitler _____ a Berlino nel 1945.

3. Cristoforo Colombo _____ l'America nel 1492.

4. Nei primi anni di questo secolo *(century)* molti italiani _____ in America.

5. Marco Polo _____ per molti anni attraverso la Cina.

6. Mozart _____ a scrivere musica quando era ancora bambino.

7. La seconda guerra mondiale _____ nel 1945.

D. Caro Joe...   Questa è una lettera scritta da Marco, che vive a Roma, a suo cugino Joe che abita a New York. Leggila e poi rispondi alla lettera accettando o rifiutando il suo invito.

Roma, 15 maggio 1997

Caro Joe,

Come stai? Come stanno lo zio Luigi e la zia Giovanna? Qui noi stiamo tutti bene. Papà ha avuto una brutta influenza ma ora sta meglio. Mia sorella Silvana, che ti saluta caramente, si è laureata il mese scorso. È molto contenta e l'anno prossimo comincerà ad insegnare in una scuola di Roma.

Come ti scrissi già nella mia ultima lettera, noi tutti desideriamo averti qui con noi durante le vacanze estive. Così potrai conoscere un po' l'Italia ed esercitarti nella lingua italiana. Rispondimi presto e fammi sapere se puoi venire.

Come va l'università? Hai finito i corsi? Quando ti laurei? Dammi notizie.

Tanti cari saluti a tutta la famiglia e un forte abbraccio a te.

Scrivimi!

Marco

Caro Marco,

E. Occhio all'avverbio! Trasforma i seguenti aggettivi in avverbi.

1. elegante _____

2. vero _____

3. generale _____

4. felice _____

5. gentile _____

Tema 2

A. Fallo subito! Rispondi alla domanda con un imperativo, dicendo di fare subito quella cosa. Usa il doppio pronome.

1. Devo scrivere la lettera a Pino?

   Certo. Scrivigliela subito! _____

2. Devo mandare i soldi a Roberta?

   _____

3. Devo darvi il numero di telefono?

   _____

4. Devo comprarti i biglietti?

   _____

5. Devo portare la torta a tua madre?

   _____

6. Devo farti la prenotazione?

   _____

7. Devo dirti la verità?

   _____

8. Devo portare il caffè al nonno?

   _____

B. Non dargliele! Rispondi alla domanda con un imperativo negativo, dicendo di non fare quella cosa. Usa il doppio pronome.

1. Posso dare le caramelle ai bambini?

   No, _____*non dargliele*_____ adesso: devono ancora cenare.

2. Posso portare i fiori alla nonna?

   No, _____: è allergica ai fiori!

3. Posso dare il tuo numero di telefono a Luigi?

   No, _____: non voglio parlargli.

4. Posso dire la verità a tua sorella?

   No, _____: si offende.

5. Posso farti un caffè?

   No, _____: bevo troppo caffè!

6. Devo spedire i pacchi di Natale?

   No, _____: è troppo presto!

Ricapitoliamo!

A. Cartoline dall'America. Completa le cartoline, usando le seguenti parole: **divertendo, bene, città, saluti, mancanza, caro, abbraccio, bacioni.**

1.

```
_____ Enzo,

Come stai? Io sto

_____ . Sento          Sig. Enzo Amoroso
                                    Via Vitruvio, 40
molto la tua _____ .        20124 Milano
                                    Italy
Un _____ .


        tua Teresa
```

2.

Cara Anna,

Ci stiamo _____

molto. New York è una

_____ bellissima.

Affettuosi _____ a

te e Carlo, _____

ai bambini.

      Pino e Manuela

Gent.ma Sig.ra Anna Rossi
Via Sardegna, 20
00187 Roma
Italy

B. Una cartolina dall'Italia. Sei in vacanza in Italia. Scrivi una cartolina al tuo professore/alla tua professoressa d'italiano. Includi le seguenti informazioni:

- Ti stai divertendo?
- Ti piace l'Italia?
- La gente è simpatica?
- Il clima è bello?
- Senti la mancanza di casa?

_____

_____

_____

C. Vacanze in Canada.

I. Leggi l'annuncio pubblicitario sul Canada e completa le frasi che seguono in modo opportuno. Usa il dizionario per le parole che non conosci.

Quale Canada?

Città-simpatia

Natura-avventura

Scegliete il vostro Canada

Montreal, il Canada "francese", con le strade sempre animate. Ricca di teatri, ristoranti, gallerie di negozi e di tanta gente simpatica.

In tutta libertà, esplorare in canoa fiumi e laghi, dalle acque cristalline, in uno dei 31 meravigliosi Parchi Nazionali.

Per ulteriori informazioni, consultate la vostra Agenzia di Viaggi oppure richiedetele a:

TURISMO CANADA
Casella Postale 10728
20100 MILANO

Vancouver, la porta del Canada sul Pacifico. Una città che ha tutto: fiume, mare e monti. Anche le anitre selvatiche nei parchi.

Provate il brivido del "rafting" nelle rapide di torrenti tumultuosi, bianchi di schiuma. Guide professionali a vostra disposizione.

Toronto, chiamata dai suoi abitanti "The People City". È un perfetto equilibrio tra tecnologia, cultura e gioia di vivere.

In idrovolante, per godere dall'alto le maestose foreste, raggiungere i laghi più remoti e scoprire una flora e una fauna uniche al mondo.

Grande meraviglioso unico Canada

   Canadä

1. Montreal è una città ricca di _____.

2. Nell'annuncio, Vancouver è chiamata la _____.

3. La città di Toronto è chiamata _____.

4. In Canada ci sono trentuno _____.

5. Per ulteriori informazioni possiamo rivolgerci *(turn to)* ad un' _____

   o a _____.

6. In questa pubblicità il Canada è definito un paese _____,

   _____ e _____.

II. Ora scrivi una breve lettera ad un amico/un'amica, raccontandogli quello che hai fatto/visto ecc. durante il tuo viaggio in Canada.

Car-

_____

_____

_____

_____

_____

_____

_____

_____

Nome: _____ Data: _____

D. Avvisi economici. Scrivi una lettera con la quale fai domanda ad uno dei posti di lavoro annunciati sotto. Segui le indicazioni suggerite.

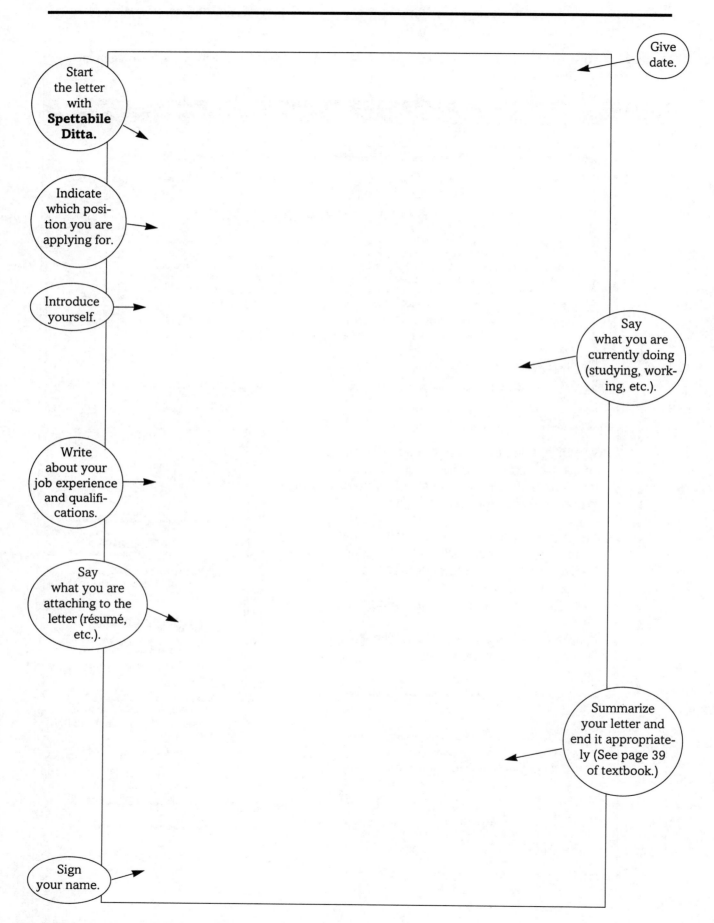

Give date.

Start the letter with **Spettabile Ditta.**

Indicate which position you are applying for.

Introduce yourself.

Say what you are currently doing (studying, working, etc.).

Write about your job experience and qualifications.

Say what you are attaching to the letter (résumé, etc.).

Summarize your letter and end it appropriately (See page 39 of textbook.)

Sign your name.

E. Vero o falso? Leggi la lettera seguente, usando il dizionario per le parole che non conosci.

KPMG Peat Marwick

Management Consultants

KPMG Peat Marwick Consultants s.n.c.

di Vincenzo Gagliardi, Antonio Bigatti e C.	Telefono (06) 47 56 251	Cod. Fisc. e IVA 04662680158
Via Sardegna. 40	Telex 625356	Sede legale
00187 Roma	Telefax (06) 67 99 055	Piazza F. Meda. 3 - Milano

Gent.ma Sig.ra
Maria G. Filice
17 Robindale Avenue
ETOBICOKE, ONTARIO
M8W 4 A8 CANADA

26 gennaio 1997

Gentilissima Sig.ra G. Filice,

con la presente desideriamo informarLa che abbiamo ricevuto il Suo curriculum, ma che al momento non abbiamo in atto ricerche di personale in linea con le Sue competenze.

Abbiamo comunque apprezzato positivamente la Sua esperienza formativa e professionale e, con il Suo consenso, tratterremo presso di noi le informazioni che La riguardano, al fine di poterLa contattare nel caso si presentassero opportunità professionali che riterremo di Suo interesse.

Saremo comunque lieti di poterLa incontrare in occasione del Suo prossimo rientro in Italia.

Con l'occasione ci è gradito porgerLe i nostri migliori saluti.

KPMG Peat Marwick Consultants s.n.c.

Paola della Rovere
Paola della Rovere
Senior Consultant

Ora indica se ciascuna delle seguenti affermazioni è **vera** o **falsa**.

	VERO	FALSO
1. La destinataria della lettera si chiama Maria G. Filice.	_____	_____
2. La KPMG Peat Marwick Consultants ha sede *(is located)* negli Stati Uniti.	_____	_____
3. La destinataria di questa lettera abita in Italia.	_____	_____

	VERO	**FALSO**

4. La lettera informa la signora Filice che la KPMG
Peat Marwick Consultants ha ricevuto il suo curriculum.   _____   _____

5. Con la lettera la KPMG Peat Marwick Consultants offre
un posto di lavoro *(a job position)* alla signorina Filice.   _____   _____

6. La KPMG Peat Marwick Consultants è contenta di
incontrare la signora Filice quando lei verrà in Italia.   _____   _____

7. La lettera è firmata *(is signed)* dalla signorina Paola
della Rovere.   _____   _____

F. Giochiamo con le parole!

I. Completa gli spazi vuoti con l'aiuto delle definizioni.

1. La scriviamo e poi spediamo.
2. È usata per spedire lettere.
3. La mettiamo alla fine della lettera.
4. Sostanza nera usata per scrivere.
5. Spedisce la lettera.

1. ___ ___ _T_ _T_ ___ ___ ___

2. ___ _U_ ___ ___ _A_

3. ___ ___ ___ _M_ ___

4. ___ ___ _C_ ___ _I_ ___ ___ _T_ ___ ___

5. ___ _I_ ___ _T_ ___ ___ _T_ ___

II. Trova le parole e scrivile negli spazi vuoti con l'articolo determinativo.

1. ___ la carta _____

2. ___ _____

3. ___ _____

4. _____

5. _____

G. La parola fuori posto. Cancella la parola fuori posto.

1	2	3
la cartolina	spedire	affettuoso
la lettera	imbucare	veramente
il pacco	nuotare	felicemente
la carta d'imbarco	impostare	gentilmente

H. Giochiamo con i francobolli. Scegli *due* dei seguenti francobolli, ognuno dei quali porta il nome di un famoso personaggio italiano, e rispondi alle domande.

1. Chi sono le persone che hai scelto? Per che cosa sono famose?

a. _____

b. _____

2. Ricordi il nome di una loro opera?

a. _____

b. _____

I. Lo sapevate che... ? Leggi «Giulietta batte Romeo mille lettere a zero» e rispondi alle domande. Usa il dizionario per le parole che non conosci.

VERONA

Giulietta batte Romeo mille lettere a zero

L. Bertolucci/Giacomino Foto

Nessuno scrive a Romeo. «Per Giulietta Capuleti, Verona» (basta indirizzare così, non c'è bisogno di via, numero civico, codice postale), le lettere che giungono ogni anno sono migliaia. Da tutto il mondo. A scrivere alla celebre eroina shakespeariana, molti innamorati delusi in cerca di consolazione, molte fanciulle in cerca di consigli. Gente che ha eletto ad amica del cuore un fantasma. Ma il Comune di Verona ha deciso di non lasciare senza risposta questi cuori in pena e ha bandito un concorso per trovare una Giulietta che faccia da segretaria galante, da consolatrice degli afflitti. Sarà prescelta quella che saprà meglio rispondere a una lettera a Giulietta inviata per l'occasione da un celebre scrittore, ancora da individuare. La vincitrice avrà diritto a una borsa di studio che per due anni le permetterà di spacciarsi per Giulietta Capuleti.

1. Per scrivere a Giulietta cosa basta scrivere sulla busta?

_____

2. Quante lettere riceve Giulietta ogni anno?

_____

3. Chi scrive a Romeo?

_____

4. Chi scrive a Giulietta?

_____

5. Chi scrisse «Romeo e Giulietta»?

_____

J. Come si dice... ? Elenca altre parole ed espressioni che vorresti conoscere e che riguardano gli argomenti trattati in questo capitolo. Con l'aiuto del dizionario e dell'insegnante trova gli equivalenti italiani.

_____

_____

_____

_____

_____

_____

_____

CARA SILVIA...

IN LABORATORIO!

Pronuncia: Le consonanti doppie

A. As you may have noticed, most Italian consonants have corresponding double consonants, which occur only within words (not at the beginning or at the end of words). These are pronounced by doubling and/or lengthening the corresponding single consonants.

bb	febbraio, nebbia	**mm**	commesso, dramma
cc, cch	bocca, broccoli, occhio	**nn**	gonna, nonno
cc, cci	abbraccio, eccellente, piacciono	**pp**	appuntamento, troppo
dd	addizione, freddo	**ss**	basso, studentessa
ff	caffè, offrire	**tt**	fatto, lettura
gg, ggh	legga	**vv**	avvocato, davvero
gg, ggi	leggere, viaggiare	**zz**	mezzo, pizza

B. Repeat each of the words you hear, imitating the speaker. Then write each word as the speaker dictates it.

1. _____   13. _____

2. _____   14. _____

3. _____   15. _____

4. _____   16. _____

5. _____   17. _____

6. _____   18. _____

7. _____   19. _____

8. _____   20. _____

9. _____   21. _____

10. _____   22. _____

11. _____   23. _____

12. _____

C. Dettato. You will hear one of Aesop's fables. Repeat each sentence of the paragraph after the speaker; then write each one in the space provided. Each sentence will be read twice.

_____

_____

_____

_____

_____

_____

_____

Ascolto

D. Completiamo! Fill in the blank with the correct verb, saying the entire sentence. Then repeat the sentence after the speaker.

disse	fece	riuscì	vide

1. Un giorno una volpe _____ un bellissimo grappolo d'uva.

2. Poiché la volpe aveva molta fame, _____ un salto per prenderlo.

3. Il grappolo era in alto e così la volpe non _____ a coglierlo.

4. Allora la volpe, delusa, _____: «Quest'uva è ancora acerba.»

E. Le coppie. You will hear the speaker say a pronoun. Match it with one of the verbs below. Then repeat the answer after the speaker.

> **Esempio:** _You hear:_ io
> _You say:_ io finii

andarono	arrivarono	finii	ricevè	ci sposammo

(Items 1–5)

F. Occhio agli avverbi! After you hear the adjective, give the corresponding adverb as in the example. Then repeat the answer after the speaker.

> **Esempio:** _You hear:_ regolare
> _You say:_ regolarmente

(Items 1–5)

G. Sì, scrivigliela! Answer the questions, using the double pronoun.

> **Esempio:** *You hear:* Devo scrivere la lettera a Pino?
> *You say:* Sì, scrivigliela!

(Items 1–6)

H. No, non dargliele! Give a negative answer to the questions, using the double pronoun.

> **Esempio:** *You hear:* Posso dare le caramelle ai bambini?
> *You say:* No, non dargliele!

(Items 1–6)

I. All'ufficio postale. Paola and Roberto have run into each other in front of the post office. Listen carefully to their conversation. Then circle the letter of the correct response to each question. The conversation will be read twice. (There may be more than one correct answer for each question.)

1. Cosa fa Paola all'ufficio postale?
   a. spedisce un pacco
   b. compra dei francobolli
   c. spedisce una cartolina

2. Cosa fa Roberto all'ufficio postale?
   a. spedisce un telegramma
   b. spedisce una lettera
   c. compra dei francobolli

L'AUTOMOBILE!

AL LAVORO!

Tema 1

A. Occhio al condizionale! Completa le seguenti frasi usando il condizionale di un verbo appropriato, scegliendo fra i seguenti.

> avere   dovere   sapere   potere   volere

1. Io ____vorrei____ cambiare l'olio della macchina, per favore.

2. Noi _____ bisogno di un preventivo per la riparazione.

3. Scusi, per favore, mi _____ controllare il livello dell'olio?

4. Guardi, signorina, Lei _____ compilare questo modulo per l'assicurazione.

5. Per favore, mi _____ indicare l'autostrada?

6. Noi _____ comprare una macchina nuova.

B. Le cose che vorrei fare ma non posso...

I. Indovinando il verbo dal contesto, completa con la forma del condizionale.

1. Io ____comprerei____ volentieri una macchina nuova, ma non ho i soldi.

2. Noi _____ in vacanza quest'estate, ma purtroppo dobbiamo lavorare.

3. Mio padre _____ subito tutti i debiti *(debts)*, ma purtroppo non può.

4. Io _____ il caffè perché mi piace, ma il dottore mi ha detto che non devo berlo.

5. Noi _____ al cinema stasera, ma dobbiamo studiare.

6. Io _____ volentieri un piatto di spaghetti, ma sono a dieta.

7. Mio fratello la mattina _____ sempre fino a mezzogiorno.

8. Io _____ per il mondo, ma non ho né il tempo né i soldi per farlo.

9. Lui _____ un bicchiere di vino a tavola, ma è allergico al vino.

10. Mi _____ molto viaggiare, ma non ho né tempo né soldi.

II. E adesso continua tu e scrivi tre cose che *vorresti* fare ma non puoi. Spiega la ragione.

1. _____

_____

2. _____

_____

3. _____

_____

C. Un po' di cortesia... Riscrivi la frase in uno stile più cortese, mettendo il verbo in corsivo al condizionale.

1. *Vuoi* venire con me alla festa?

    Vorresti venire con me alla festa? _____

2. *Può* prestarmi 100 dollari, per favore?

_____

3. *Voglio* un caffè, per favore!

_____

4. Non *so* cosa dire...

_____

5. *Devi* portare la macchina dal meccanico per un controllo...

_____

6. Lei *deve* controllare l'olio più spesso...

_____

7. Per favore, *può* darmi quel giornale, signora?

_____

8. Non *dovete* parlare così forte!

_____

9. *Volete* andare in centro?

_____

10. Noi *abbiamo bisogno* di un prestito.

D. Un po' di grammatica... Completa con le forme del condizionale. Attenzione ai verbi irregolari!

CERCARE

noi _____cercheremmo_____

tu _____

loro _____

io _____

lui _____

voi _____

BERE

tu _____

io _____

noi _____

voi _____

lui _____

loro _____

COMINCIARE

noi _____

io _____

lui _____

tu _____

voi _____

loro _____

ANDARE

io _____

noi _____

tu _____

lui _____

voi _____

loro _____

FINIRE

io _____

noi _____

lui _____

loro _____

voi _____

tu _____

PRENDERE

loro _____

voi _____

noi _____

tu _____

io _____

lei _____

E. Per dare un consiglio: «Dovresti fare così... » Qualcuno ti esprime un bisogno o un problema: cerca di dargli un consiglio usando **dovresti...** .

1. Ho il raffreddore e la febbre.

_____

2. Ho fame: non ho fatto colazione.

_____

3. Devo comprare una macchina e non ho abbastanza soldi.

_____

4. Ho sete.

_____

5. Ho sonno.

_____

6. Ho mal di testa.

_____

7. Lavoro troppo, anche la domenica.

_____

8. Sono stanco/stanca.

_____

9. Ho mal di denti.

_____

10. Prendo brutti voti a scuola.

_____

F. Per giustificarsi: «L'avrei fatto ma non ho potuto.» Rispondi alle seguenti domande, giustificandoti, come negli esempi.

1. Perché non hai finito i compiti?

    _Io li avrei finiti, ma non ho potuto._____

2. Perché non sei venuto/venuta in classe?

    _Io sarei venuto, ma stavo male._____

3. Perché non hai scritto la lettera?

_____

4. Perché non sei andato/andata dal dottore?

_____

5. Perché non hai comprato il giornale?

_____

6. Perché non hai depositato i soldi?

_____

7. Perché non sei rimasto/rimasta a casa?

_____

8. Perché non hai preso la medicina?

_____

9. Perché non hai pulito la tua stanza?

_____

10. Perché non ti sei alzato/alzata presto?

_____

G. Per rimproverare: «Avresti dovuto farlo!» Reagisci alle seguenti affermazioni, come nell'esempio. Ricordati di usare i pronomi.

1. Non ho preso gli antibiotici...

   Avresti dovuto prenderli! _____

2. Non ho finito il lavoro...

_____

3. Non gli ho fatto gli auguri...

_____

4. Non ho risposto a Lucia...

_____

5. Non gli ho chiesto l'indirizzo...

_____

6. Non le ho detto la verità...

_____

7. Non ho spedito il telegramma allo zio...

_____

8. Non ho imbucato la lettera...

_____

9. Non gli ho dato il numero di telefono...

_____

10. Non sono ancora andato/andata dal dottore...

_____

H. Un po' di traduzione! Traduci le seguenti frasi.

1. Could you change the tires on my car, please?

_____

2. I would like to buy another car.

_____

3. You should take your car to the mechanic to be repaired.

_____

4. I could have bought that car, but I don't like it.

_____

5. We should have gone to the gas station, but we did not have time.

_____

6. I would like to go on vacation, but I can't.

_____

7. They would have liked to go to the movies, but they couldn't.

_____

8. Could you help me, please, Dr. Boni?

_____

9. Could you do me a favor, Maria?

_____

10. You should have finished your homework last night.

_____

Tema 2

A. Occhio al congiuntivo! Completa con il verbo opportuno al modo congiuntivo.

1. Guida bene tuo zio?

   Sì, penso che ____*guidi*____ bene.

2. Quando comincia il film?

   Credo che _____ alle tre.

3. Quegli studenti parlano bene l'italiano?

   Dubito che lo _____ bene.

4. Dorme il bambino?

   Sì, spero che _____ bene.

5. A che ora finiscono le lezioni?

   Credo che _____ alle sei.

6. Carla preferisce stare a casa?

   No, non credo che _____ stare a casa.

7. Tuo fratello si alza presto la mattina?

   Dubito che _____ presto!

8. Loro mangiano spesso la pasta?

   Sì, penso che la _____ spesso.

B. Uso del *si* impersonale. Le seguenti frasi hanno un soggetto generico come **la gente, tutti, molti, nessuno,** ecc. Trasformale in una frase impersonale usando il pronome **si**.

1. Qui tutti parlano italiano.

   Qui si parla italiano.

2. In questo negozio riparano gli orologi.

   In questo negozio si riparano orologi.

3. In tribunale *(In court)* tutti devono dire la verità.

   _____

4. A casa mia mangiamo molta pasta.

   _____

5. In America molti ragazzi giocano a baseball.

_____

6. Con il pesce *(fish)* tutti bevono il vino bianco.

_____

7. In Italia tutti giocano a calcio *(soccer)*.

_____

8. Al mare la gente si diverte molto.

_____

9. In Canada molti parlano due lingue.

_____

10. A casa nostra tutti si alzano presto la mattina.

_____

11. Qui nessuno può fumare.

_____

12. In Inghilterra la gente guida a sinistra.

_____

13. Qui nessuno può parcheggiare la macchina.

_____

C. *Si* **impersonale o** *si* **riflessivo?** Nelle seguenti frasi riconosci la funzione del pronome **si**.

	IMPERSONALE	RIFLESSIVO
1. In Italia si mangia bene.	_____	_____
2. Luigi si alza presto la mattina.	_____	_____
3. In America si guida a destra.	_____	_____
4. In Italia Carlo si diverte molto.	_____	_____
5. Giulietta e Romeo si sposano l'anno prossimo.	_____	_____
6. Qui non si può fumare.	_____	_____
7. Ogni sei mesi si deve andare dal dentista per un controllo.	_____	_____
8. Lui si chiama Giovanni.	_____	_____

Ricapitoliamo!

A. Completiamo! Completa le caselle in modo opportuno.

	INFINITO	FUTURO	CONDIZIONALE
1.	comprare	comprerò	comprerei
2.	mettere	metterò	metterei
3.		finirò	
4.	cercare		
5.		avrò	
6.			sarei
7.		potrò	
8.	volere		
9.		saprò	
10.			farei
11.	spiegare		

B. Occhio al condizionale! Fai delle richieste *(requests)* basate sulle seguenti situazioni. Usa il condizionale.

1. You do not have a watch and want to know the time. You walk up to a stranger and say:

_____

2. You are in a café and order a coffee. You say:

_____

3. You've only got a 1.000 lire bill and need change to make a telephone call. You walk up to a stranger and say:

_____

4. You want your Italian friend to lend you 10.000 lire. You say:

_____

5. You are in a clothing store. You say to the store clerk that you would like to see the coat in the window (**in vetrina**):

_____

6. You are at the post office, and you want to send a telegram to Canada. You say:

_____

7. You are in a grocery store, and you would like to buy some tomatoes. You say:

_____

C. Le parti della macchina. Completa gli spazi vuoti con il nome opportuno, scegliendo fra i nomi seguenti.

acceleratore	motore	targa	gomma	faro
clacson	sportello	finestrino	ruota	parabrezza
volante	cofano	sedile	paraurti	portabagagli

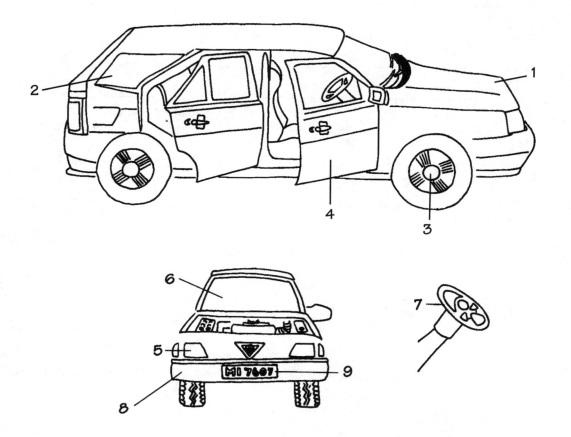

1. _____

2. _____

3. _____

4. _____

5. _____

6. _____

7. _____

8. _____

9. _____

D. I segnali stradali. Spiega in inglese il significato di ciascuno dei seguenti segnali stradali.

Esempio:

DARE
LA PRECEDENZA

_____Yield_____

PASSAGGIO
PER PEDONI

STRADA
SDRUCCIOLEVOLE

1. _____   2. _____

ATTENZIONE
BAMBINI

DIVIETO DI ACCESSO

3. _____   4. _____

DIVIETO DI SOSTA

DIVIETO
DI INVERSIONE A "U"

5. _____   6. _____

DIVIETO DI SVOLTA
A DESTRA

ARRESTO
ALL'INCROCIO

7. _____   8. _____

E. Occhio alla «Mini»! Leggi attentamente l'annuncio pubblicitario seguente. Usa il dizionario per le parole che non conosci.

Ora rispondi alle seguenti domande.

1. In questa pubblicità c'è un «errore» che crea un gioco di parole: qual è?

2. Quando si fa notare la Mini?

_____

3. Com'è la Mini?

_____

4. Quanto costa una Mini?

_____

5. In questa pubblicità il pronome *si* appare quattro volte. Sapresti riconoscere il **si** impersonale dal **si** riflessivo?

_____

F. Noi e l'automobile.

I. Rispondi al seguente questionario con frasi complete.

QUESTIONARIO

1. Cosa rappresenta per te l'automobile? (un mezzo di trasporto, uno status symbol… ?)

_____

2. Che tipo di macchina preferisci?

_____

3. Hai l'automobile? Di che marca è?

_____

4. Sai cambiare una gomma?

_____

5. Presteresti volentieri la tua automobile ad un amico?

_____

6. Ti piace correre *(to go fast)* in macchina?

_____

7. Daresti un passaggio *(ride)* ad un autostoppista *(hitchhiker)*?

_____

---

8. A chi daresti un passaggio? A una ragazza, a un ragazzo, a un militare *(soldier)*, a un sacerdote *(priest)*, a un anziano *(elderly person)*?

_____

9. Quando hai fretta e trovi traffico, come ti comporti *(how do you behave)*? Sei nervoso? Suoni il clacson? Resti calmo? Ti sfoghi dicendo parolacce *(Do you relieve your anger by swearing)*?

_____

10. Quali caratteristiche consideri importanti per l'automobile ideale? Il confort? Il consumo? La velocità? Il prestigio? La sicurezza? L'eleganza?

_____

11. Quale colore preferisci per la tua automobile?

_____

_____

12. Cosa fai quando guidi? Conversi *(Do you converse)* con gli altri passeggeri? Ascolti la radio? Canti?

_____

_____

13. Usi la cintura di sicurezza?

_____

14. Cosa possiamo fare per evitare incidenti automobilistici? Moderare la velocità? Controllare periodicamente la macchina? Controllare le gomme? Evitare la guida in caso di stanchezza o ubriachezza? Evitare i viaggi durante temporale, neve, nebbia?

_____

15. Come giudichi i seguenti costi? Alti, medi o bassi?

benzina _____

pedaggi autostradali _____

polizza di assicurazione _____

acquisto auto _____

parcheggi _____

II. Ora scrivi un breve componimento sulle tue abitudini e sulle preferenze in fatto di macchine.

_____

_____

_____

_____

_____

_____

_____

_____

_____

_____

_____

_____

_____

G. Come si dice... ? Elenca altre parole ed espressioni che vorresti conoscere e che riguardano gli argomenti trattati in questo capitolo. Con l'aiuto del dizionario e dell'insegnante trova gli equivalenti italiani.

_____

_____

_____

_____

_____

_____

_____

16 L'AUTOMOBILE!

IN LABORATORIO!

A. Dettato. You will hear five sentences. Each will be read three times. During the first reading, listen to the sentence. During the second reading, write what you hear. Then, during the third reading, check your work.

1. _____

2. _____

3. _____

4. _____

5. _____

Now give the meaning of each sentence in English on the line provided.

1. _____

2. _____

3. _____

4. _____

5. _____

Ascolto

B. Dall' indicativo al condizionale. You will hear five sentences. Each will be read twice. Rephrase the sentence, using the conditional instead of the indicative. Then repeat the answer after the speaker.

> **Esempio:** *You hear:* Ho bisogno di soldi.
> *You say:* Avrei bisogno di soldi.

(Items 1–5)

C. Il condizionale semplice. Using the present conditional, form a complete sentence out of each group of words below. Then repeat the answer after the speaker.

> **Esempio:** *You see:* io / bere / latte / ma / non / piace
> *You say:* Io berrei il latte, ma non mi piace.

1. noi / andare / Italia / ma / non / avere / soldi
2. io / fare / pizza / per / cena / ma / non / avere / tempo
3. io / mangiare / spaghetti / ma / essere / a / dieta

4. loro / pagare / conto / ma / non / avere / soldi

5. io / comprare / questo / vestito / ma / costare / troppo

D. Il condizionale composto. You will hear the speaker ask five questions. Each will be read twice. Answer the question using the cue below. Then repeat the answer after the speaker.

> **Esempio:** *You hear:* Perché non hai comprato il pane?
> *You see:* non avevo soldi
> *You say:* L'avrei comprato, ma non avevo soldi.

1. non avevamo fame

2. non aveva soldi

3. non avevamo la macchina

4. non avevano il suo indirizzo

5. dovevo studiare

E. Completiamo! Fill in the blank with the correct verb, saying the entire sentence. Then repeat the sentence after the speaker.

dormirei	andremmo	potresti	dovresti	avrei telefonato

1. Noi _____ in vacanza quest'estate, ma purtroppo dobbiamo lavorare.

2. Io la mattina _____ sempre fino a mezzogiorno.

3. _____ cambiarmi cento dollari, per favore?

4. Hai mal di testa? _____ prendere un'aspirina.

5. Ti _____ , ma non avevo il tuo numero di telefono.

F. Cosa rispondiamo? You will hear five questions. Answer each one by choosing the rejoinder that best suits the context. Then repeat each answer after the speaker. Each question will be asked twice.

> **Esempio:** *You hear:* Che macchina guidi?
> *You see:* a. Non sto bene.
> b. Sì, mi piace.
> c. Una Fiat.
> *You say:* Una Fiat.

1. a. Sì, ci penso sempre.
   b. Sì, mi piace studiare.
   c. Certo. Cambi anche l'olio!

2. a. Oggi fa freddo.
   b. Ho mal di gola.
   c. Mi piace. È molto bella.

3. a. Ho una Ferrari.
   b. Sì, il clacson non funziona.
   c. Sì, ci ho guidato.

4. a. Il treno parte alle tre.
   b. Sì, è in ritardo.
   c. Ce n'è una qui all'angolo.

5. a. Accanto a quella macchina.
   b. Nel cofano.
   c. Nel portabagagli.

G. Penso che... Answer each question affirmatively, using **Penso che.** Then repeat the answer after the speaker. You will hear each question twice.

> **Esempio:** *You hear:* Parte oggi la signora Rossi?
> *You say:* Sì, penso che parta oggi.

(Items 1–5)

H. Sì, qui si parla italiano. Answer each question, using the impersonal pronoun **si.** Then repeat the answer after the speaker. Each question will be asked twice.

> **Esempio:** *You hear:* Qui tutti parlano italiano?
> *You say:* Sì, qui si parla italiano.

(Items 1–4)

I. L'incidente stradale. You and two other people have witnessed a hit-and-run accident. One car hit another car; the driver who was at fault drove away. The other two witnesses, who are native Italian speakers, describe the car to the police much more easily than you do. However, their descriptions do not agree. Compare the two descriptions you hear with the photo below. There will be words you do not recognize, but what is important is that you tell the policeman which description is the most accurate.

Qual è la descrizione corretta?   1   2

J. Dove siamo? You will hear three short dialogues that take place at various establishments. Identify where each takes place by writing the number of the dialogue next to the corresponding business. You will hear each dialogue twice.

   Dialogo n. _____: all'ufficio postale
   Dialogo n. _____: dal medico
   Dialogo n. _____: all'aeroporto

CAPITOLO 17 LO SPORT!

AL LAVORO!

A. Gli sport.

I. Scrivi nel cerchio i nomi di tutti gli sport che ricordi.

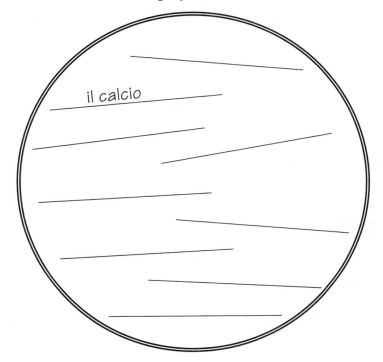

il calcio

II. Indovina che sport è!

1. Si gioca sul ghiaccio: _____

2. Si gioca con il pallone: _____

3. Si gioca con la racchetta: _____

4. Si fa con la bicicletta: _____

5. Si gioca molto negli U.S.A.: _____

6. Si pratica nell'acqua: _____

7. Si fa sulla neve: _____

B. Ricostruiamo il dialogo. Gino e Franca discutono sul programma da vedere alla TV. Riscrivi i numeri delle battute *(lines)* nell'ordine corretto in modo da ricostruire il dialogo.

1. _____ GINO: Va bene, d'accordo: stasera guarderemo il film!

2. _____ FRANCA: E tu sei fanatico del calcio! Va bene, vinci tu: guardiamo la partita. Chi gioca?

3. _____ GINO: Tu sei proprio fanatica: vuoi vedere solo tennis!

4. _____ FRANCA: No, vorrei vedere il tennis: oggi c'è un incontro internazionale...

5. _____ GINO: Guardiamo la televisione. Vuoi vedere la partita di calcio?

6. _____ FRANCA: D'accordo. Però promettimi che stasera vediamo il film di Tornatore.

7. _____ GINO: Milan-Juventus. Metti sul canale 3!

C. Domande personali. Rispondi con frasi complete.

1. Ti piace lo sport? Fai molto sport?

   _____

2. Secondo te, qual è più interessante: il nuoto o il ciclismo?

   _____

3. Secondo te, qual è lo sport più difficile fisicamente: il calcio italiano o il football americano?

   _____

4. Tu quale sport pratichi? Quante volte alla settimana?

   _____

5. Fai ginnastica? Dove? Quando?

   _____

6. Sai sciare o pattinare?

   _____

7. Ti piace di più praticare lo sport o guardarlo alla TV? Perché?

   _____

D. So che è vero! Ecco alcune frasi complesse in cui la frase subordinata è all'indicativo. Completale con un verbo opportuno.

1. Tutti sanno che gli italiani _____ bene la macchina.

2. È ovvio che tu non _____ parlare il francese.

3. Carla mi ha detto che sua madre_____ a Milano.

4. Io sono sicuro che voi _____ ragione.

5. Tu sai a che ora _____ il treno?

6. Ti dico che quelle macchine _____ tutte Fiat.

7. La radio ha detto che domani _____ bel tempo.

8. È ovvio che tuo fratello _____ troppo: non ha mai una lira.

9. So che Gabriella ieri sera _____ molto alla festa.

10. Marina ha detto che stasera _____ al cinema.

E. Verbi che richiedono il congiuntivo.

Ecco alcuni verbi ed espressioni verbali che richiedono il congiuntivo nella frase subordinata: essi esprimono opinioni, emozioni, desideri, incertezze, ecc. Rifletti bene sul significato di ciascuno di questi verbi e poi riscrivili nella casella appropriata. Nota che alcuni verbi possono appartenere a più di una categoria.

Credo che...
Dubito che...
Bisogna che...
Immagino che...
Voglio che...
Penso che...
Spero che...
Preferisco che...
Sembra che...
Sono contento/felice che...
Ho paura che...
Non sono sicuro che...
Desidero che...
Mi dispiace che...
Non credo che...
È possibile/impossibile che...
È necessario che...
È probabile che...

→ lui **vada** all'università.

a. opinione *credo che*	b. emozione	c. dubbio/incertezza
d. necessità	e. possibilità	f. volizione/desiderio

F. Occhio al congiuntivo.

Completa le seguenti frasi usando il congiuntivo presente. Scegli fra i seguenti verbi.

abitare	alzarsi	bere	capire
cominciare	comprarsi	divertirsi	finire
imparare	impostare	leggere	parlare
piovere	preferire	prendere	sentirsi

1. Mi dispiace che tu non _____ bene.

2. Spero che voi _____ durante il viaggio in Italia.

3. Bisogna che lui _____ il lavoro domani.

4. È necessario che tu _____ a guidare la macchina.

5. Voglio che tu _____ bene quello che ti dico.

6. Tu pensi che io _____ bene l'italiano?

7. Credo che Gina _____ bere il vino bianco.

8. Mi sembra che il film _____ alle otto.

9. Voglio che mio figlio _____ il giornale ogni giorno.

10. È necessario che loro _____ più presto la mattina.

11. Bisogna che tu _____ quella lettera: è urgente!

12. Dubito che loro _____ una Toyota: so che preferiscono la Fiat.

13. Mi sembra che suo marito _____ solo acqua minerale.

14. Il cielo è nuvoloso: ho paura che domani _____.

15. Penso che loro _____ l'autobus perché non hanno la macchina.

16. Immagino che i Rossi _____ ancora in Via Dante.

G. Occhio ai congiuntivi irregolari. Completa le seguenti frasi usando il congiuntivo presente. Scegli fra i seguenti verbi irregolari (alcuni verbi possono essere usati più di una volta).

andare	avere	dare	dire
dovere	essere	fare	sapere
stare	venire	volere	

1. Credo che Gina _____ ventidue anni.

2. Mi sembra che quel film _____ di Fellini.

3. Immagino che voi _____ stanchi.

4. Voglio che tu mi _____ tutto quello che sai.

5. Mio padre desidera che io _____ all'università.

6. Mi sembra che anche Giovanni _____ con noi alla festa.

7. Mi dispiace che tua madre _____ male.

8. Bisogna che tu mi _____ il tuo numero di telefono.

9. Ti dico questo perché voglio che tu _____ tutta la verità.

10. Penso che Raffaella non _____ venire in centro con noi.

11. Non credo che loro _____ abbastanza soldi per comprare una nuova casa.

12. Mi sembra che domani Luigi _____ andare dal dottore.

13. Ho paura che domani _____ brutto tempo.

14. Credo che loro _____ una Fiat.

H. Opinioni, emozioni, dubbi. Queste frasi hanno una frase subordinata con il verbo al congiuntivo. Completale scrivendo la frase principale (main clause) in tre modi diversi.

1. _____
   _____
   _____ } lui **sia** italiano.

2. _____
   _____
   _____ } tu **abbia** la febbre.

3. _____

_____

_____ > lui **spenda** di meno.

4. _____

_____ > domani **piova.**

_____

5. _____

_____ > questa musica **sia** di Mozart.

_____

I. Esprimiamo un'opinione! Rispondi alle domande, iniziando la risposta con **Penso che, Credo che** o **Mi sembra che.**

1. Quanti anni ha Valeria?

_____

2. Chi è quell'uomo?

_____

3. Dove abitano i signori Torelli?

_____

4. Quanto guadagna la professoressa Tosi?

_____

5. Come si chiama quella ragazza?

_____

6. Quando va in Italia Giorgio?

_____

7. Come sta Giuliana?

_____

8. Quanto costa una Maserati?

_____

9. Quando vanno in vacanza?

   _____

10. Quando vuole partire il professor Billi?

   _____

J. Opinioni personali...

I. Esprimi due opinioni personali su argomenti di tua scelta (i tuoi studi, la tua famiglia, la situazione politica, ecc.). Usa **Credo che / Penso che**.

1. _____

2. _____

II. Esprimi due desideri personali. Usa **Io voglio che / Desidero che**.

1. _____

2. _____

III. Esprimi due cose che ti sembrano «necessarie» o «possibili». Usa **Bisogna che / È necessario che / È possibile che**.

1. _____

2. _____

K. Facciamo dei paragoni! Rispondi alle domande, negando ed esprimendo l'opinione contraria.

1. Chicago è più grande di New York?

   _____

2. Il nuoto è più difficile del tennis?

   _____

3. L'italiano è più facile del francese?

   _____

4. Carlo è più intelligente di Michele?

   _____

5. Tornatore è più famoso di Fellini?

   _____

6. Le scarpe sono più care del vestito?

_____

7. Il signor Rossi è più vecchio della signora Rossi?

_____

L. Occhio ai comparativi irregolari! Completa le seguenti frasi, usando il comparativo appropriato.

migliore	peggiore
maggiore	minore
meglio	peggio

1. —È buono questo caffè!

—Sì, ma questo è _____!

2. —Fernando scia molto bene.

—Sì, ma sua moglie scia _____!

3. —Queste mele sono cattive.

—E queste sono ancora _____!

4. —Mio figlio è già grande: ha dodici anni.

—Mio figlio è _____ del tuo: ha già sedici anni.

5. —Come nuota male Paola!

—Ma no! Io nuoto ancora _____.

6. —John parla abbastanza bene l'italiano.

—Sì, ma sua sorella lo parla ancora _____: è bravissima.

7. —Quale dei due fratelli è più giovane?

—Renato è _____ di suo fratello: ha tre anni di meno.

8. —Pierino sta male: ha il raffreddore?

—Sì, ma suo fratello sta ancora _____: ha la febbre e l'influenza.

9. —Questo è un buon albergo: si sta bene.

—Sì, ma il mio albergo è _____ di questo: è più elegante e più comodo.

Tema 2

A. Attenzione: congiuntivo o indicativo? Completa le seguenti frasi, usando il congiuntivo o l'indicativo. Indovina il verbo dal contesto della frase.

1. Tu pensi che io _____ bene l'italiano?

2. Mi hanno detto che l'aereo _____ a mezzogiorno e mezzo.

3. Io credo che il mio professore _____ molto bravo.

4. Bisogna che voi _____ un telegramma allo zio domani mattina.

5. Ho saputo che domani non ci _____ lezione.

6. Paolo e Francesca sono innamorati pazzi: spero che _____ presto.

7. Voglio che tu _____ questo vestito per vedere se ti va bene.

8. Oggi Franco non è in classe: immagino che non _____ bene.

9. È ovvio che l'imputato *(the accused)* _____ la verità.

10. Penso che Roberto _____ in via Mazzini.

11. Hanno detto alla radio che domani _____ brutto tempo.

12. Mio padre non vuole che io _____ mentre vado all'università.

13. Mi sembra che tu non _____ errori quando scrivi l'italiano.

14. Io so che lui non _____ la macchina e che _____ l'autobus per andare a lavorare.

B. Un'opinione. Rispondi liberamente, usando il congiuntivo passato.

1. «È andato allo stadio Gianfranco?»

   «Sì, penso che _____.»

2. «Si sono divertite alla festa?»

   «Sì, credo che _____.»

3. «Quando si sono sposati?»

   «Mi sembra che _____.»

4. «Chi ha vinto la partita?»

   «Mi pare che _____.»

5. «Cosa ha preso al bar Giovanni?»

  «_____.»

6. «Quando sono partiti i signori Grimaldi?»

  «_____.»

7. «Dov'è andata la signora Morandi?»

  «_____.»

8. «Con chi ha parlato tuo fratello?»

  «_____.»

9. «A che ora è arrivato il treno?»

  «_____.»

10. «Cosa ha detto Maria?»

  «_____.»

C. Mettiamo in ordine le parole! Forma una frase mettendo in ordine le seguenti parole.

1. è / casa / più / grande / la / nostra / loro / della

  _____

2. macchina / tua / è / la / meno / bella / mia / della

  _____

3. Mario / più / di / me / giovane / è

  _____

4. piace / mi / più / lavorare / studiare / che

  _____

5. Giulia / la / della / più / è / classe / brava

  _____

D. Formiamo delle frasi! Forma delle frasi con le seguenti parole.

1. io / dubitare / che / loro / andare / cinema / ieri sera

  _____

2. calcio / essere / sport / più / popolare / Italia

_____

3. io / non / credere / che / ieri / la Juventus / perdere

_____

4. Giovanni / essere / il / maggiore / fratelli Rossi

_____

5. lui / parlare / l'italiano / meglio / me

_____

E. Gli sport più seguiti in TV. Secondo un recente sondaggio, i seguenti sono gli sport più seguiti in televisione dagli italiani.

1. calcio
2. automobilismo
3. atletica
4. pugilato
5. tennis

6. ciclismo
7. sci
8. pallacanestro
9. motociclismo
10. nuoto

Ora elenca gli sport che, secondo te, sono più seguiti in televisione in America.

1. _____

2. _____

3. _____

4. _____

5. _____

6. _____

7. _____

8. _____

9. _____

10. _____

F. Lo sport in TV. Leggi l'annuncio dei programmi sportivi che saranno trasmessi in TV e rispondi alle domande. Usa il dizionario quando necessario.

12.30	Pugilato. Riunione di Gaggiano. Replica. **Tele+2**
13.30	Sport News. Tg sportivo. **Tmc** Momenti di Sport. Uomini e imprese della storia dell'agonismo. **Tele+2**
13.45	Mai dire gol. Replica. **Italia 1**
14.00	Sport Time. Quotidiano sportivo. Prima edizione. **Tele+2**
14.15	Assist. Rotocalco di basket. **Tele+2**
15.00	Usa Sport. Rubrica di sport americani. **Tele+2**
15.45	Pomeriggio sportivo. All'interno del programma: «Rai Regione calcio» (ore 16), «A tutta B» (ore 17), campionato italiano di baseball (ore 17.35). **Tv3**
16.30	Wrestling Spotlight. Le sfide dei giganti dello spettacolo. **Tele+2**
17.10	Pomeriggio sportivo. **Retemia**
17.25	+2 News. **Tele+2**
17.30	Settimana gol. Rubrica di calcio internazionale. Gol e aggiornamenti sulla nona giornata del calcio tedesco e sintesi di Hansa Rostock-Karlsruhe. **Tele+2**
18.20	Tg2 Sportsera. **Tv2** Studio sport. Quotidiano sportivo. **Italia 1**
19.30	Sport Time. Quotidiano sportivo. Seconda edizione. **Tele+2**
19.45	Sport regione. **Tv3**
20.15	Tg2. Lo sport. **Tv2**
	Almanacco. Giostra di record e campioni. **Tele+2**
20.30	Il processo del lunedì. **Tv3**
	Movie Sport. I film dello sport: «Scheggia di vento»(Italia '87-'88). **Tele+2**
22.30	Usa Sport. Rubrica di sport americani. **Tele +2**
23.30	Crono, tempo di motori. **Tmc** Momenti di sport. Uomini e imprese della storia dell'agonismo. **Tele+2**
24.00	Assist. Rotocalco di basket. **Tele+2**
00.45	Usa Sport. Rubrica di sport americani. **Tele +2**

1. A che ora c'è il pugilato? _____

_____

_____

2. Cosa c'è alle 13.30? _____

_____

_____

3. Alle 14.15 che programma sportivo andrà in onda? _____

_____

4. Cosa c'è alle 15.00? _____

5. A che ora andrà in onda la rubrica di calcio internazionale? _____

_____

Ricapitoliamo!

A. Italiani nuova gente. Leggi attentamente il seguente annuncio pubblicitario e riassumi brevemente il messaggio che esso vuole trasmettere.

MOLTO PIU' SPORT, MOLTO PIU' ADIDAS.

Alla crescente diffusione dello sport in Italia,
corrisponde un sempre maggiore successo di adidas.
Qualunque sia il vostro sport, (tennis, calcio, basket,
jogging…), adidas ha tutto ciò che vi serve per il training e le
competizioni. Tutto, dalle scarpe in su, perchè
adidas è specialista in tutti gli sport.

adidas
TRE STRISCE, TUTTI GLI SPORT.

_____

_____

_____

_____

B. Il totocalcio. Il _totocalcio_ è un concorso pubblico settimanale a premi _(soccer lottery)_ che consiste nell'indovinare i risultati di tredici partite di calcio che si giocano ogni domenica nei campionati italiani. Si indica su una scheda **1** per la vittoria della squadra che gioca in casa, **x** per il pareggio, **2** per la vittoria della squadra che gioca fuori casa. Leggi qui a lato la scheda vincente e poi indica se ciascuna delle frasi che seguono è **vera** o **falsa**. Si noti che la prima squadra elencata gioca in casa, la seconda fuori casa (esempio: Bari–Sampdoria: il Bari gioca in casa, la Sampdoria fuori casa).

CRODINO _presenta_

TOTOCALCIO: la scheda vincente

X	BARI-SAMPDORIA
2	CAGLIARI-ROMA
2	CREMONESE-TORINO
2	FIORENTINA-FOGGIA
1	GENOA-ASCOLI
1	INTER-VERONA
X	JUVENTUS-MILAN
X	LAZIO-ATALANTA
X	NAPOLI-PARMA
1	PESCARA-CESENA
1	PIACENZA-AVELLINO
X	MASSESE-TRIESTINA
1	GIARRE-FANO

Montepremi: L. 27.582.287.998

Ai 649 (13) L. 21.249.000
Ai 18.008 (12) L. 763.800

	VERO	FALSO
1. La Sampdoria ha perso.	_____	_____
2. La Roma ha vinto.	_____	_____
3. La Fiorentina ha perso.	_____	_____
4. L'Inter ha pareggiato.	_____	_____
5. La Juventus e il Milan hanno pareggiato.	_____	_____
6. Il Napoli ha vinto.	_____	_____
7. Chi ha fatto tredici ha vinto L. 21.249.000.	_____	_____
8. 649 persone hanno fatto tredici.	_____	_____

C. La Federazione Italiana American Football. Leggi il seguente articolo tratto dal *Corriere dello Sport*. Usa il dizionario per le parole che non conosci.

FEDERAZIONE ITALIANA AMERICAN FOOTBALL

FOOTBALL AMERICANO

La Nazionale, completata la preparazione con la disputa dell'amichevole con una formazione americana, si concede alcuni giorni di vacanza prima dell'avventura europea in Germania

La Nazionale di Football Americano agli ordini di Jerry Douglas ha completato la sua preparazione in vista dell'impegno del Campionato d'Europa che si svolgerà in Germania dal 22 al 27 agosto. A Madonna di Campiglio si è svolto il grosso degli allenamenti, a Pinzolo i nostri azzurri hanno affrontato una prima volta una fortissima selezione americana che ha di nuovo messo alla prova il «Blue Team» proprio in chiusura, nell'incontro di Brembate. I responsabili della formazione italiana (Jerry Douglas è L'Head Coach, Pietro Zoncati è il defensive-coordinator, Wallace English è l'offensive-coordinator, con il supporto di Bravin, Ernst e Roberts) sono moderatamente ottimisti, anche perché il ruolo di favoriti è in certo qual modo scomodo. Dice il Coach Douglas: «La Nazionale italiana parte per l'avventura europea rinnovata in molti suoi uomini. Il Blue Team campione in Finlandia ha perso almeno 25 dei suoi effettivi, quindi si comprenderà bene la difficoltà di questa nuova avventura. Tutto sta nel vedere come i nuovi arrivati si sono integrati con i vecchi. In campo ho visto molta grinta, molta determinazione, ma soprattutto molta voglia di vincere, il che a volte è un buon motivo per ottenere dei risultati». Il Presidente Arnoldi dice: «Il Football Americano è diventato oramai adulto e specie in questa stagione di grandi successi per il nostro sport il trionfo della nazionale sarebbe un degno coronamento di tutti gli sforzi che si sono fatti».

CALENDARIO DEGLI INCONTRI

AMBURGO	21 AGOSTO	INGHILTERRA-GERMANIA
BREMENHAVEN	23 AGOSTO	ITALIA-FINLANDIA
RECKLINGHAUSEN	26 AGOSTO	FINALE 3º 4º POSTO
AMBURGO	27 AGOSTO	FINALE 1º 2º POSTO

Ora fa' il seguente test:

	VERO	FALSO
1. L'allenatore *(coach)* della nazionale italiana di football si chiama Jerry Douglas.	_____	_____
2. Il campionato d'Europa di football si giocherà negli Stati Uniti.	_____	_____
3. Il campionato d'Europa di football avrà luogo *(will take place)* in ottobre.	_____	_____
4. La squadra italiana si è allenata *(trained)* a Madonna di Campiglio.	_____	_____
5. A Pinzolo gli azzurri hanno giocato con una fortissima selezione francese.	_____	_____
6. La squadra azzurra è anche chiamata «Blue Team».	_____	_____
7. Jerry Douglas ha detto che in campo ha visto molta determinazione e molta voglia di vincere.	_____	_____

D. Le notizie sportive.

I. Leggi le seguenti notizie sportive apparse nel *Corriere dello Sport* e rispondi alle domande. Usa il dizionario per le parole che non conosci.

■ **Sci di fondo, Puliè ok in Val di Sole**

È andata a Giuseppe Puliè la 12ª edizione del trofeo della Val di Sole, disputato sulla distanza dei 10 km. Puliè ha preceduto Maddalin e Bettega. In campo femminile, vittoria di Elena Desideri.

---

1. Chi ha vinto la 12ª edizione del trofeo della Val di Sole?

■ **Tennis, Sanchez sconfitta a Sydney**

La cecoslovacca Jana Novotna ha vinto il torneo Atp di Sydney. In finale ha sconfitto la spagnola Arantxa Sanchez (testa di serie n. 2) per 6-4 6-2. In campo maschile, successo del francese Guy Forget: 6-3 6-4 al tedesco Stich. Nel torneo Atp di Aukland si è imposto il cecoslovacco Karel Novacek, che in finale ha superato il francese Fleurian: 7-6 (7-5) 7-6 (7-4).

---

2. Chi ha vinto il torneo femminile Atp di Sydney?

_____

3. Chi ha vinto il torneo maschile di Sydney?

_____

■ **Hockey ghiaccio, Kurri lascia Milano**
Jari Kurri, 31 anni, lascia la Mediolanum Devils per i Los
Angeles Kings della Lega Nordamericana. L'asso finlan-
dese, uno dei più grandi del mondo, per oltre cinque mi-
liardi di lire ha firmato un contratto che lo lega al club di
Los Angeles per quattro anni.

---

4. Perché Jari Kurri lascia Milano e la Mediolanum Devils?

_____

■ **Football Usa, contratto record per Ismail**
Raghib «Rocket» Ismail la vedette del football americano universitario ha firmato ieri un contratto di 26 milioni
e duecentomila dollari per quattro anni, con gli Argo-
nauti di Toronto.

---

5. Cosa ha firmato Raghib «Rocket» Ismail?

_____

II. Ora dai tu due recenti notizie sportive:

1. _____

_____

_____

_____

2. _____

_____

_____

_____

E. Come si dice... ? Elenca altre parole ed espressioni che vorresti conoscere e che riguardano gli argomenti trattati in questo capitolo. Con l'aiuto del dizionario e dell'insegnante trova gli equivalenti italiani.

_____

_____

_____

_____

_____

_____

_____

_____

CAPITOLO

LO SPORT!

IN LABORATORIO!

Ascolto

A. Gli sport. Look at the illustrations below. When you hear a sport mentioned, indicate **sì** if that sport is illustrated and **no** if it is not.

1. sì	no	**6.** sì	no
2. sì	no	**7.** sì	no
3. sì	no	**8.** sì	no
4. sì	no	**9.** sì	no
5. sì	no	**10.** sì	no

B. Cosa piace a Paola? You are asked about your friend Paola: what sports and what pastimes she likes or doesn't like. Using the information below, answer the questions. Each will be asked twice. Then repeat the answer after the speaker.

> **Esempio:** *You hear:* A Paola piace il calcio?
> *You say:* Sì, a Paola piace il calcio.

		PIACE	NON PIACE
A Paola	il tennis	✓	
	il calcio	✓	
	il pugilato		✓
	andare al cinema	✓	
	guardare la televisione		✓

C. Ma no... ! Disagree with the statements that a friend of yours is making and give the correct information. Then repeat the answer after the speaker. Each statement will be made twice.

      Esempio: *You hear:* Venezia è più grande di Roma.
                 You say: Ma no, Roma è più grande di Venezia.

(Items 1–5)

D. A paragone! You will hear Luisa Rossi describe her three children, Marco, Gianni, and Federica. Listen carefully and take notes below.

Now as you listen to Luisa Rossi's description for a second time, indicate in the space provided whether each statement is **vero** or **falso**.

	VERO	FALSO
1. Marco è più piccolo di Gianni.	_____	_____
2. Gianni è più grande di Federica.	_____	_____
3. Federica è più piccola di Marco.	_____	_____
4. Gianni è il più grande dei figli di Luisa.	_____	_____

E. Occhio all'indicativo.
Using the cues below, answer the questions your friend is asking. Then repeat the answer after the speaker. Each question will be asked twice.

> **Esempio:** *You hear:* Viene anche lui? (è ovvio che)
> *You say:* Sì, è ovvio che viene anche lui.

1. so che
2. è chiaro che
3. mi ha detto che
4. è ovvio che
5. sono sicuro che

F. Dubito che...
A friend is asking whether certain things are true. Respond to each question using **Dubito che**. Then repeat the response after the speaker. Each question will be asked twice.

> **Esempio:** *You hear:* È vero che viene oggi?
> *You say:* No, dubito che venga oggi.

(Items 1–5)

G. Sì, sì, credo che...
You've lost something but a friend has found it. Answer each question by using **Credo che** plus the subjunctive. Then repeat the answer after the speaker. Each question will be asked twice.

> **Esempio:** *You hear:* È tua questa penna?
> *You say:* Sì, sì, credo che sia mia.

(Items 1–5)

H. Mi dispiace che...
React to what is being said by using the expression of emotion **Mi dispiace che.** Then repeat the answer after the speaker. Each statement will be read twice.

> **Esempio:** *You hear:* Non sto bene.
> *You say:* Mi dispiace che tu non stia bene.

(Items 1–5)

I. È possibile che...
One of your friends asks you a question. Following the example, answer each question negatively using **È possibile che.** Then repeat the answer after the speaker. Each question will be asked twice.

> **Esempio:** *You hear:* Marco viene?
> *You say:* Non lo so. È possibile che non venga.

(Items 1–5)

CAPITOLO

18 LEZIONE FINALE

AL LAVORO!

Occhio al passato remoto!

A. Il libro di storia. Leggi questa pagina del libro di storia di Pierino, cercando sul dizionario le parole che non conosci. Sottolinea i verbi al passato remoto, poi scrivi l'infinito al margine della pagina.

Il Rinascimento

I segni del Rinascimento

Molti *signori* si dedicarono con intelligenza e saggezza al governo della città e si mostrarono valorosi condottieri; al tempo stesso, mostrarono una grande sensibilità artistica: finanziarono, promossero, seguirono con entusiasmo la realizzazione di palazzi, chiese, ville, sculture, affreschi. Con il loro contributo, nacque l'età del *Rinascimento,* un periodo particolarmente importante per l'Italia. I signori facevano a gara per poter abbellire le loro città, accaparrandosi ingegneri, scultori, pittori, eruditi, poeti e scienziati, pedagoghi. Molte città divennero centri di rinascita culturale e artistica. Il Rinascimento, di fatto, vide rifiorire l'arte, la cultura, l'artigianato, il commercio.

dedicarsi

Firenze, centro europeo del Rinascimento

Firenze, grazie anche a *Lorenzo il Magnifico,* divenne il centro europeo del Rinascimento. Lorenzo il Magnifico ospitò nella sua corte i più grandi artisti del tempo. Fece costruire palazzi e ville per dare splendore alla corte. Fondò una scuola di scultura. Fra i personaggi più famosi dell'«esplosione» artistica fiorentina, ricordiamo: Michelangelo e Donatello per la scultura; Filippo Lippi e Botticelli per la pittura; Leon Battista Alberti e Brunelleschi per l'architettura; Machiavelli per la letteratura. Grande rappresentante del Rinascimento fu Leonardo da Vinci: progettò impianti idraulici, disegnò macchine volanti, studiò nuove tecniche di pittura murale, dipinse e si interessò di anatomia.

B. Occhio al passato remoto! Il passato remoto dei verbi si usa per parlare di personaggi e avvenimenti storici, o di un lontano passato. Si usa perciò soprattutto alla terza persona singolare e plurale. Completa con le forme dei verbi dati.

1. essere   lui _____ fu _____;   loro _____

2. avere   lui _____;   loro _____

3. scrivere   lui _____;   loro _____

4. comprare   lui _____;   loro _____

5. nascere   lui _____;   loro _____

6. capire   lui _____;   loro _____

7. leggere   lui _____;   loro _____

8. dare   lui _____;   loro _____

9. mettere   lui _____;   loro _____

10. fare   lui _____;   loro _____

C. La sai la storia? Completa le frasi seguenti usando il passato remoto.

andare	scrivere	dipingere
nascere	essere	vedere
cominciare	dire	venire

1. John F. Kennedy _____ presidente degli Stati Uniti.

2. William Shakespeare _____ l'«Amleto».

3. Nei primi anni di questo secolo *(century)* molti italiani _____ in America come emigranti.

4. Dante Alighieri _____ nel 1265 e morì nel 1321.

5. La seconda guerra mondiale _____ nel 1945.

6. Leonardo da Vinci _____ dei quadri bellissimi.

7. Guilio Cesare _____: «Venni, _____, vinsi.»

D. Indovina chi è! Indovina il nome dei personaggi famosi e scrivi una frase, come nell'esempio.

1. Chi compose *Le nozze di Figaro*?

   Mozart compose Le nozze di Figaro.

2. Chi scoprì l'America?

   _____

3. Chi dipinse la Cappella Sistina?

   _____

4. Chi fondò la città di Roma?

   _____

5. Chi inventò il telefono?

   _____

6. Chi scrisse la *Divina Commedia*?

   _____

7. Chi fu il primo uomo che andò sulla luna?

   _____

8. Chi disse «Essere o non essere»?

   _____

9. Chi recitò nella parte di Scarlett O'Hara nel film *Via col vento?*

   _____

10. Chi formulò la «teoria della relatività»?

   _____

Occhio al congiuntivo imperfetto!

A. Occhio al congiuntivo imperfetto! Completa le seguenti frasi con un verbo al congiuntivo imperfetto, come nell'esempio.

1. «Dove abitava Renato da bambino?»

   «Penso che ____*abitasse*____ già in via Dante.»

2. «A quel tempo lui andava all'università o lavorava?»

«Credo che _____ all'università.»

3. «Secondo te, lui diceva la verità?»

«Dubito che _____ la verità.»

4. «Tu sai chi era quella signora?»

«Credo che _____ la segretaria del direttore.»

5. «Che tempo faceva quel giorno?»

«Mi pare che _____ molto freddo.»

6. «Quanti anni aveva il bambino quando morì la madre?»

«Mi sembra che _____ solo cinque anni.»

7. «A che ora si alzavano la mattina?»

«Credo che _____ molto presto per andare a lavorare.»

8. «Con chi parlava Claudio al telefono?»

«Non so. Penso che _____ con un suo amico.»

B. Credevo che tu fossi italiano! Rispondi iniziando con un'espressione come **credevo che, pensavo che, mi sembrava che** o **mi pareva che** seguita dal congiuntivo imperfetto.

1. Io sono di origine inglese.

Oh, credevo che tu fossi italiano / francese...

2. Il padre di Pino è dentista.

_____

3. Laura ha già ventidue anni.

_____

4. Loro vivono a New York.

_____

5. Claudia parte domani.

_____

6. Questa casa costa trecentomila dollari.

_____

7. L'aereo arriva alle sei e mezzo.

_____

8. La partita di calcio finisce alle dieci.

_____

9. Giovanni lavora in banca.

_____

10. Il mio sport preferito è il tennis.

_____

C. Vorrei che tu lo facessi! Le espressioni **vorrei che**, **Desidererei che** e **Preferirei che** richiedono il congiuntivo imperfetto. Completa le frasi con un verbo appropriato al contesto, come nell'esempio.

1. «Non ho voglia di finire questo lavoro.»

«Io vorrei che tu lo _____finissi_____ per domani.»

2. Paolo, desidererei che tu mi _____ un favore.

3. Mio padre vorrebbe che io _____ all'università.

4. Il professore vorrebbe che gli studenti _____ sempre italiano in classe.

5. I miei genitori vorrebbero che io non _____ così tanti soldi.

6. Io preferirei che mio fratello non _____ tutto il giorno la TV.

7. Io vorrei che voi _____ questa casa perché è bellissima.

8. Desidererei proprio che tu _____ più gentile con me.

9. Signorina, vorrei che Lei _____ subito questa lettera.

10. Signorina, vorrei che Lei _____ subito questo telegramma al dottor Papini.

D. Indicativo o congiuntivo? Completa le risposte con un verbo o all'indicativo o al congiuntivo in modo appropriato.

1. La segretaria era italiana?

a. Sì, lei mi ha detto che _____

b. Non sono sicuro, ma credo che _____

2. Chi ha vinto la partita, la Juventus o il Milan?

    a. Sono sicuro che _____

    b. Dubito che _____

3. Lavora in banca o in una scuola?

    a. Mi sembra che _____

    b. So che _____

4. Quante case hanno i signori Alberti?

    a. Mi pare che _____

    b. Mi hanno detto che _____

5. Abitavano a Firenze l'anno scorso?

    a. Sì, so che _____

    b. Sì, penso che _____

D. La frase corretta. Sottolinea la frase corretta.

1. Sono sicuro che da bambino...
    a. lui abitava in quella casa.
    b. lui abitasse in quella casa.

2. Io pensavo che lei...
    a. sia insegnante!
    b. fosse insegnante!

3. Mio fratello vorrebbe che io...
    a. gli dessi quei soldi.
    b. gli dassi quei soldi.

4. Voleva che io...
    a. le scrivessi ogni giorno.
    b. le scriva ogni giorno.

5. Credevo che Anna...
    a. fosse vent'anni.
    b. avesse vent'anni.

Occhio al pronome relativo!

A. Occhio al pronome relativo! Completa con il pronome relativo appropriato: **che, chi, cui, quello che.**

1. Il libro _____*che*_____ ho comprato è molto bello.

2. Ecco il collega di _____ ti ho parlato.

3. La segretaria _____ lavora in questo ufficio sa bene l'inglese.

4. La persona a _____ ho mandato la lettera non l'ha ricevuta.

5. _____ insegna la lingua deve conoscerla bene.

6. Tu non hai capito _____ ti ho detto.

7. _____ ha fatto questo lavoro è molto bravo.

8. La casa _____ hai comprato è grande?

9. La ragazza _____ mi hai presentato ieri è simpaticissima.

10. _____ hai detto non è vero.

B. Occhio al pronome relativo! Completa gli spazi vuoti con le seguenti forme: **che, chi, cui, quello che.**

1. _____ dorme non piglia pesci.

2. Il vestito _____ ho comprato è carissimo.

3. Ecco la ragazza di _____ ti ho parlato.

4. Non ho capito _____ hai detto.

5. Gli amici con _____ sono uscito ieri sono tutti italiani.

Occhio al passivo!

A. Il passivo. Ecco uno schema che illustra la trasformazione passiva.

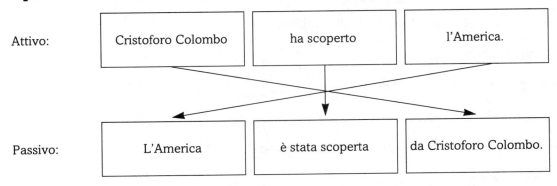

Ora trasforma le seguenti frasi al passivo, come nell'esempio.

1. Oggigiorno la pubblicità bombarda la gente in continuazione.

Oggigiorno la gente è bombardata in continuazione dalla pubblicità.

2. Oggi le industrie mettono in commercio molte sostanze nocive.

_____

3. Dante ha scritto la *Divina Commedia*.

_____

4. Michelangelo ha dipinto la Cappella Sistina.

_____

5. Romolo ha fondato la città di Roma.

_____

6. L'anno prossimo la Juventus vincerà lo scudetto.

_____

Occhio al trapassato congiuntivo!

A. Io pensavo che fosse uscito! Completa le opinioni al passato con un verbo al trapassato congiuntivo.

1. «Io sapevo che Marisa aveva già visto il film.»

«Oh, io pensavo che non l'_____.»

2. «Io sapevo che lui era andato al cinema.»

«Oh, io pensavo che _____ allo stadio.»

3. «Io sapevo che loro avevano comprato quella casa.»

«Oh, io pensavo che non l'_____.»

4. «Io sapevo che sua madre non l'aveva lasciata uscire.»

«Oh, io pensavo che l'_____.»

5. «Io sapevo che Mario non aveva finito di studiare.»

«Oh, io pensavo che _____.»

6. «Io sapevo che Antonio non aveva scritto il tema d'italiano.»

«Oh, io pensavo che l'_____.»

7. «Io sapevo che i suoi genitori erano già partiti.»

«Oh, io pensavo che non _____.»

8. «Io sapevo che Nora non era arrivata.»

«Oh, io pensavo che _____.»

Occhio alle congiunzioni!

A. Le congiunzioni con il congiuntivo. Completa le frasi con il verbo appropriato.

purché = *provided that*

1. Va bene, ti lascio andare a ballare purché tu _____ a casa presto.

2. Se volete, vi do la mia macchina fotografica purché voi me la _____ domani.

nel caso che = *in the event that*

3. Questa sera andiamo fuori anche nel caso che _____ brutto tempo.

4. Nel caso che _____ a piovere, resteremo a casa.

benché = *although*

5. Benché io non _____ ricca, ho abbastanza soldi per pagarmi il viaggio in Italia.

6. Benché non mi _____ la musica rock, ti lascio andare al concerto.

prima che = *before*

7. Prima che tu _____ fuori, vorrei parlarti un momento.

8. Prima che io ti _____ questo favore, tu devi promettermi di aiutarmi.

affinché = *so that*

9. I miei genitori lavorano affinché io _____ studiare all'università.

10. L'insegnante fa molti esercizi affinché gli studenti _____ bene il congiuntivo.

Occhio al causativo!

A. *Fare* + l'infinito. Forma delle frasi con gli elementi dati e il verbo **fare**.

1. padre / studiare la matematica / figlio

_____

2. madre / bere il latte / bambino

_____

3. insegnante / ripetere le frasi / studenti

_____

4. medico / prendere gli antibiotici / paziente

_____

5. direttore / scrivere una lettera / segretaria

_____

6. professoressa / leggere le poesie / studenti

_____

Occhio alla frase ipotetica!

A. Se potessi, uscirei. Rispondi alle domande con una frase ipotetica, come nell'esempio. Usa il pronome dove necessario.

1. Vuoi uscire?

    *Se potessi, uscirei.*_____

2. Vuoi telefonare a Gianni?

    _____

3. Vuoi finire il lavoro stasera?

    _____

4. Vuoi andare a dormire?

    _____

5. Vuoi mangiare quella pasta?

    _____

6. Vuoi venire con me a teatro?

    _____

7. Vuoi andare in Italia?

    _____

8. Vuoi vedere la partita di calcio?

    _____

9. Vuoi rimanere qui ancora un po'?

    _____

10. Vuoi bere una birra?

    _____

B. Se venisse Marta, ci verrei anch'io. Rispondi alle domande affermativamente, come nell'esempio.

1. Se venisse Marta, verresti anche tu alla festa?

Se venisse Marta, ci verrei anch'io.

2. Se tu avessi i soldi, faresti un viaggio in Europa?

_____

3. Se tu potessi, andresti allo stadio domani?

_____

4. Se tu fossi ricco, spenderesti più soldi?

_____

5. Se tu potessi comprare una casa, compreresti una villa al mare?

_____

6. Se tuo padre ti lasciasse uscire, tu andresti al concerto?

_____

7. Se tornasse Giuliana, andresti a prenderla all'aeroporto?

_____

8. Se tu avessi la febbre, prenderesti degli antibiotici?

_____

C. Se piovesse, non uscirei. Trasforma queste frasi in frasi ipotetiche, come nell'esempio.

1. Se piove, non esco.

Se piovesse, non uscirei.

2. Se c'è la partita alla TV, la guardo.

_____

3. Se mi telefona Mario, gli dico di venire qui.

_____

4. Se tu decidi di uscire stasera, vengo con te.

_____

5. Se non smette di piovere, prendo un tassì.

_____

6. Se andate insieme a quella festa, vi divertite di sicuro.

_____

7. Se fai ginnastica, ti senti meglio.

_____

8. Se rimango in casa, finisco il saggio.

_____

D. Se fossi ricco...   Completa liberamente le frasi.

1. Se fossi ricco _____

2. Se avessi il tempo _____

3. Se potessi _____

4. Se parlassi bene l'italiano _____

5. Se abitassi in Europa _____

6. Se _____

E. Completiamo...   Completa le seguenti frasi ipotetiche con due verbi opportuni.

1. Se io _____ il tempo, _____ molti romanzi.

2. Se ci _____ un bel film, noi _____ al cinema.

3. Se quella casa non _____ così tanto, io la _____ subito.

4. Se _____ brutto tempo, io _____ a casa.

5. Se _____ sonno, io _____ a dormire.

6. Se tu _____ un vero amico, mi _____ a finire i compiti.

7. Se il professore _____ più lentamente, io _____ tutto quello che dice.

8. Se io _____ i soldi, te li _____ volentieri.

9. Se lui _____ di meno, non _____ così grasso.

10. Se tu _____ gli antibiotici, non _____ più la febbre.

11. Se io _____ in centro, non _____ bisogno della macchina.

Ricapitoliamo!

A. Indicativo o congiuntivo? Completa le frasi con la forma appropriata del verbo tra parentesi.

1. Mi dispiace che lei ieri non _____.
   (venire)

2. Voglio che tu _____ subito a casa!
   (andare)

3. Usciamo subito, prima che _____ a piovere.
   (cominciare)

4. So che il signor Giannini _____ molto ricco.
   (essere)

5. Sebbene _____ ricchi, i signori Verdi non spendono molto.
   (essere)

6. Anche se _____ ricca, la signora Rossi non spende molto.
   (essere)

7. Ma tu abiti a Roma! Pensavo che _____ a Firenze!
   (abitare)

8. Vorrei che anche tu _____ con noi.
   (venire)

9. Sono sicuro che Paolo _____.
   (ritornare)

10. «Non esci stasera?»

    «Magari _____ uscire! Purtroppo devo studiare.»
    (potere)

B. Temi di discussione. In questa nostra società consumistica non è difficile trovare drogati, barboni ed emarginati di vario tipo. Osserva le foto qui sotto e commentale su un foglio a parte, spiegando e discutendo il significato delle parole che le accompagnano.

1.

Ti può succedere di incontrare qualcuno che ti offre qualche droga, o che ti giura che la droga non fa male e che puoi smettere quando vuoi. Non credergli, perché non è vero. È vero, invece, che è facile diventare dipendenti. È vero che certi ragazzi si ammalano, certi finiscono in carcere e certi muoiono. Chi ti offre droga, o chi ti invita ad usarla, lo fa perché vuole usare te. Perché vuole i tuoi soldi, o il tuo corpo, o la tua mente. Se hai bisogno di informazioni per difenderti, compila il tagliando che trovi in questa pagina. Anche saperne di più ti aiuta: ed essere aiutato a rifiutare la droga è un tuo diritto. Rifiutarla, è la tua libertà.

Presidenza del Consiglio dei Ministri

INVIATEMI, GRATIS E IN MODO RISERVATO, NOTIZIE DETTAGLIATE SU:

☐ Normativa: la legge del Parlamento sulla droga.

☐ Effetti: quali conseguenze produce l'utilizzo della droga.

☐ Cura: i luoghi e i centri di recupero per tossicodipendenti.

Compila questo tagliando e spediscilo a:

PRESIDENZA DEL CONSIGLIO DEI MINISTRI - DIPARTIMENTO PER GLI AFFARI SOCIALI

Via Barberini 47 - 00187 Roma
Tel. (06) 4811230/229

NOME
COGNOME
VIA   N°
CAP.   CITTÀ
               PROV.

CHI TI DROGA, TI SPEGNE.

2.

C. Ridiamo insieme! Completa in modo opportuno le seguenti barzellette.

1. IL DENTISTA

PERSONA N. 1: Io quando parl_____ tutti mi ascolt_____ a bocca aperta!

PERSONA N. 2: Sarai sicuramente _____ conversatore brillant_____.

PERSONA N. 1: No, faccio il dentista!

2. DAL DOTTORE

PAZIENTE: Dottore, non mi sent_____ ben_____.

DOTTORE: Prov_____ ad alzare la voc_____, signorina!

3. IL MAL DI TESTA

PAZIENTE: Dottor Neri, non _____ bene. Penso di _____ qualcosa ne_____

test_____!

DOTTORE: Mi facc_____ vedere... Ehm... No, no, signore. Non c'è

nient_____. In testa Lei non _____ proprio nient_____!

4. MODI DI DIRE

Il figli_____ del famos_____ ladro domand_____ alla mamma:

«Mamma, quando sarò grand_____ potrò rubare anch'io come papà?»

La mamma rispond_____: «Certo, se far_____ il brav_____!»

CAPITOLO 18 LEZIONE FINALE

IN LABORATORIO!

Ascolto

A. Occhio al passato remoto! You will hear the speaker give the infinitive form of five verbs. Respond by giving the third-person singular of the **passato remoto** of each verb. Then repeat the response after the speaker.

> **Esempio:** *You hear:* nascere
> *You say:* nacque

(Items 1–5)

B. Dal passato prossimo al passato remoto. You will hear five sentences with verbs in the **passato prossimo**. Change each verb to the **passato remoto,** as in the example. Then repeat the response after the speaker.

> **Esempio:** *You hear:* Michelangelo è nato nel 1475.
> *You say:* Michelangelo nacque nel 1475.

(Items 1–5)

C. Il congiuntivo imperfetto. You will hear five questions, each asked twice. Answer using the cues provided below. Then repeat the answer after the speaker.

> **Esempio:** *You hear:* Tu sai chi era quella signora?
> *You see:* credo che / la moglie del dottor Neri
> *You say:* Credo che fosse la moglie del dottor Neri.

1. credo che / molto presto
2. penso che / con Simona
3. mi pare che / a New York
4. mi sembra che / in via Nazionale
5. dubito che / la verità

D. Oh, pensavo che... React to the statements, using the cues provided below. Then repeat the answer after the speaker. Each statement will be given twice.

> **Esempio:** *You hear:* John è americano.
> *You see:* canadese
> *You say:* Oh, pensavo che fosse canadese!

1. avvocato
2. Roma
3. Canada
4. oggi
5. diciannove anni

E. Scegliamo bene! Imagine that you are the person to whom each of the following comments or questions is addressed. Answer each one with the response that best suits the context. Then repeat the response after the speaker. Each question or comment will be given twice.

> **Esempio:** *You hear:* Che tempo faceva quel giorno?
> *You see:* a. Mi pare che facesse molto freddo.
> b. Sì, a Roma fa sempre bel tempo.
> *You say:* Mi pare che facesse molto freddo.

1. a. Anch'io sono francese.
   b. Oh, pensavo che tu fossi francese!
2. a. Anche Paola abita a Milano.
   b. Oh, pensavo che abitassero a Milano!
3. a. Duecentomila dollari.
   b. È una casa molto bella, non pensi?
4. a. Oh, credevo che partisse oggi!
   b. No, non credo che sia ancora partito.
5. a. Hai ragione. Questa casa non è molto bella.
   b. Anch'io. È bellissima e non costa molto.

F. Occhio al congiuntivo imperfetto! Make a complete sentence out of each group of words below and say it aloud. Then repeat the answer after the speaker.

> **Esempio:** *You hear:* mio padre / vorrebbe / che / io / andare / università
> *You say:* Mio padre vorrebbe che io andassi all'università.

1. io / desidererei / che / tu / mi / fare / favore
2. il professore / vorrebbe / che / noi / parlare / sempre / italiano / classe
3. io / desidererei / che / tu / essere / più / gentile / me
4. vorrei / che / Lei / scrivere / subito / questa / lettera
5. io / vorrei / che / loro / comprare / questa / casa / perché / bella

G. Occhio al pronome relativo! Fill in the blank with the correct relative pronoun, saying the entire sentence. Then repeat the answer after the speaker.

quello che	che	chi	cui

1. La casa _____ hai comprato è molto bella.

2. Ecco la ragazza di _____ ti ho parlato.

3. Lui non capisce mai _____ dico.

4. _____ ha detto questo non sa niente.

H. Il trapassato congiuntivo. Following the example, reply to each statement your friend makes, using **credevo che**. Then repeat the answer after the speaker. Each statement will be given twice.

> **Esempio:** *You hear:* Io sapevo che Mario era andato in Italia.
> *You say:* Oh, io credevo che non ci fosse andato!

(Items 1–5)

I. Il periodo ipotetico. Rephrase each sentence, as in the example. Then repeat the answer after the speaker. Each sentence will be given twice.

> **Esempio:** *You hear:* Se io ho fame, mangio.
> *You say:* Se io avessi fame, mangerei.

(Items 1–5)

J. Certo! Se potessi, lo farei. Answer each question by saying that if you could, you would do certain things. Use the pronoun when necessary. Then repeat the answer after the speaker. Each question will be asked twice.

> **Esempio:** *You hear:* Vuoi telefonare a Gianni?
> *You say:* Certo! Se potessi, gli telefonerei.

(Items 1–5)

K. Certo! Se non fosse ricco, non spenderebbe molto. Respond to each statement, as in the example. Then repeat the answer after the speaker. Each statement will be given twice.

> **Esempio:** *You hear:* Se Gianni spende molto, vuol dire che è ricco.
> *You say:* Certo! Se non fosse ricco, non spenderebbe molto.

(Items 1–5)

L. Completiamo! Complete each sentence, choosing from the words given below. Say the entire sentence. Then repeat the answer after the speaker.

affinché	benché	nel caso che	prima che	purché

1. _____ cominci a piovere, resteremo a casa.

2. _____ sia ricco, il signor Rossi non spende molto.

3. Vengo anch'io a ballare, _____ venga anche tu.

4. _____ Marco esca, dovrei dirgli due parole.

5. I miei genitori lavorano _____ io possa studiare.